·中国现代文学馆钩沉丛书·

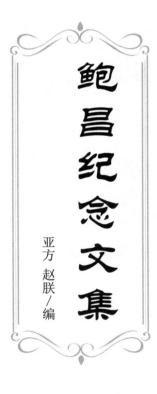

鲍昌纪念文集

亚方 赵朕/编

作家出版社

中国现代文学馆钩沉丛书总序

国人自古重“史”。而新史料的发现，对于历史研究的推进是不言而喻的。即便是湮没于历史烟尘中的一鳞半爪，也会使史家乃至读者如获至宝。在文学历史的阐述、文学理论的论证以及文学批评活动中，新史料的发现当然也每每相伴而生，同样为新的立论和新的阐发提供坚实的基础。更有学养深厚、学风笃实的学人，常常会把搜集所得的资料，整理编撰，既是为自己的研究课题服务，亦可供他人参考。这些资料，我们并不陌生，在林林总总的校点本、辑佚本、笺注本、年谱、诗文系念、书目、索引里都可窥其面貌。比如，鲁迅先生为了撰写《中国小说史略》，也曾搜集了大量的小说史料，又将这些史料整理成《古小说钩沉》《小说旧闻钞》等。这自周至隋的36种散佚小说，毫无疑问成为研究唐代以前小说的重要参考书，也为普通读者带来了极大的阅读兴趣。这正是“钩沉”的价值。梁启超所谓的“过去人类思想行事所留之痕迹”，为我们了解前人所思所想，乃至理解“人类社会史可能性的一切”和历史进程提供了依据。这些“痕迹”的再发现，无疑多多益善。

作为集文学资料中心、文学展览中心、文学交流中心、文学研究中心等功能于一身的中国现代文学馆，在收集、保管、整理、研究中国现当代作家的著作、手稿、译著、书信、日记、录音、录像、照片、文物等文学档案资料的过程中，在和广大的研究者、作家及其家属、后人接触的过程中，不断接触到曾被历史遮蔽、湮没、忽略的有关人物及有关史料，因此，编辑、出版“钩沉丛书”，是水到渠成之事，也是现代文学馆工作的题中应有之义。这套丛书，旨在把我馆认为值得引起注意的、涉及现当代文学的史料予以发掘，把某些有助于文学研究的带有资料性的著述予以出版。举凡作家的年谱、回忆录、传记、散佚作品等均在丛书出版范围内。这一工作，有赖于著述者的劳动，也有赖于广大作家及其家属、后人的支持，这是需要向著述者和支持者致以诚挚谢意的。

然而，我以为不能不指出的是，“钩沉”是有价值的，但“钩沉”出来的，却未必件件都有价值。

因此，其一，本丛书所含所有书籍的出版，唯以我馆认识到的参考价值为取舍，是否真有“价值”，有待研究家和读者的考量与开掘。其二，“钩沉”，绝不是为了“爆料”，为了“翻案”，为了“听唱翻新杨柳枝”。这在世道浇漓学风蒙尘的当下，是不能不有言在先的。也就是说，若有人欲借本丛书中涉及的一些史料断章取义、哗众取宠，谋取商业利润，概由炒作者自负其责。本“丛书”所涉及的资料和史实，并未经过本馆的考证与甄别；所涉及的观点，只代表编撰者本人的价值立场与学术见解，与文学馆的立场、见解无涉。

如果诸公能够从这套丛书中获取一些资料，经过甄别辨析，成一家之言，作为丛书出版的组织者，便欣欣堪以慰之。

是为序。

2010年5月7日

前　言

在鲍昌辞世近30周年之际，我们将他生前、身后一些重要事项整理成册。旨在为关心他、怀念他的友人、亲人提供可循踪迹，也为我家后人留下珍贵家史。

亚方率

女　鲍露滋

子　鲍光满

2017年5月

目录

报载鲍昌逝世消息

1.《人民日报》 1989.2.22

著名作家、评论家鲍昌辞世

新华社北京2月21日电 著名作家、评论家鲍昌因患肝癌2月20日晚间在北京辞世，终年59岁。

鲍昌1947年加入中国共产党，之后投身于党的文学事业。40余年来，虽历经坎坷，但对党、对社会主义忠贞不渝。他一生勤奋著述，著有长篇历史小说《庚子风云》、长篇小说《盲流》，主编《文学艺术新术语辞典》，并撰写文艺理论著作。

鲍昌积极从事文学组织工作。1985年起担任中国作家协会党组成员、书记处常务书记。

2.《人民日报》（海外版） 1989.2.22

著名作家评论家鲍昌辞世

新华社北京二月二十一日电 著名作家、评论家鲍昌因患肝癌二月二十日晚间在北京辞世，终年五十九岁。

3.《北京日报》 1989.2.22

著名作家、评论家鲍昌辞世

新华社北京2月21日电 著名作家、评论家鲍昌因患肝癌2

月20日晚间在北京辞世，终年59岁。

鲍昌1947年加入中国共产党，之后投身于党的文学事业。四十余年来，虽历经坎坷，但对党、对社会主义忠贞不渝。他一生勤奋著述，著有长篇历史小说《庚子风云》、长篇小说《盲流》，主编《文学艺术新术语辞典》，并撰写文艺理论著作。

鲍昌积极从事文学组织工作。1985年起担任中国作家协会党组成员、书记处常务书记。

4.《**文汇报**》 1989.2.22

著名作家、评论家鲍昌逝世

据新华社北京2月21日电　著名作家、评论家鲍昌因患肝癌2月20日晚间在北京辞世，终年59岁。

鲍昌1947年加入中国共产党，之后投身于党的文学事业。四十余年来，虽历经坎坷，但对党、对社会主义忠贞不渝。他一生勤奋著述，著有长篇历史小说《庚子风云》、长篇小说《盲流》，主编《文学艺术新术语辞典》等。

5.《**今晚报**》 1989.2.22

鲍昌同志逝世

本报北京电　著名作家、评论家、中国作协书记处常务书记鲍昌同志，因患肝癌医治无效，于2月20日21时30分在北京逝世，终年59岁。

鲍昌同志1946年参加革命，1947年加入中国共产党。解放后，鲍昌同志长期在天津工作，历任天津人民艺术剧院院长、《新港》文学月刊编辑部主任、天津文联副秘书长、天津师范大学中文系主任、作协天津分会副主席、天津美学学会会长等职。1985年起调任中国作协书记处常务书记。40多年来他历尽坎坷，对党和社会主义忠贞不渝。他一生勤奋治学，著述甚丰，并积极致力于文学的组织领导工作，兢兢业业，呕心沥血，贡献了毕生精力。主要著作有：长篇历史小说《庚子风云》、长篇小说《盲流》以及大量短篇小说、文艺论著等，还主编了《文学艺术新术语辞典》。

鲍昌同志患病期间，王蒙、艾青、臧克家、沙汀、刘白羽、冯牧、王维澄、唐达成、冯骥才、柳溪等曾前往医院探视。

6.《天津日报》 1989.2.22

鲍昌逝世

新华社北京2月21日电　著名作家、评论家鲍昌因患肝癌2月20日晚间在北京辞世，终年59岁。

鲍昌1947年加入中国共产党，之后投身于党的文学事业。四十余年来，虽历经坎坷，但对党、对社会主义忠贞不渝。他一生勤奋著述，著有长篇历史小说《庚子风云》、长篇小说《盲流》，主编《文学艺术新术语辞典》，并撰写文艺理论著作。

鲍昌积极从事文学组织工作。1985年起担任中国作家协会党组成员、书记处常务书记。

7.《文艺报》 1989.2.25

中国作协书记处常务书记鲍昌病逝

本报讯　我国著名作家、评论家，出色的文学组织工作者，中国作家协会理事、党组成员、书记处常务书记鲍昌同志因患肝癌，医治无效，于2月20日21时30分在北京逝世，终年59岁。

鲍昌同志1946年参加革命工作，1947年入党，同时投身于党的文学艺术事业。鲍昌同志生前曾任天津师范大学中文系主任、教授，作协天津分会副主席等职。他的主要著作有长篇历史小说《庚子风云》、长篇小说《盲流》，以及中短篇小说、文艺论著等，他还主编了《文学艺术新术语辞典》。

鲍昌同志患病期间，王蒙、艾青、臧克家、沙汀、刘白羽、冯牧、王维澄、唐达成、李瑛、冯骥才等同志分别到医院和家中看望，有的打电话表示了慰问。作协天津分会也派专人到京慰问。近日，中国作协已成立了有王蒙、冯牧、唐达成、冯骥才、蒋子龙参加的鲍昌同志治丧办公室。

中国作家协会发布
《鲍昌同志生平》

鲍昌同志，当代著名作家、评论家、教授，出色的文学组织工作者，优秀的中国共产党员。1930年1月21日生于辽宁沈阳，1989年2月20日因患肝癌在北京病逝，终年五十九岁。

鲍昌原籍辽宁凤城县，1931年“九一八”事变时，全家逃难至北平。1936年至1942年，在北平北师附小上学。1942年考入北平辅仁大学附属中学。日本投降后，受共产党地下组织影响，遂于1946年1月，也就是在高中一年级的寒假里，离家出走，投奔解放区，参加革命。先在华北联大文艺学院学习，后在晋东北、冀中等地参加土改。1947年8月加入中国共产党。1948年春，被调到周扬领导的华北戏音工作委员会工作。1949年1月，随解放军进入天津，先后在天津军管会文艺处、华北群众剧社、天津人民艺术剧院从事文艺行政领导工作，并开始发表文学作品。1951年出版独幕剧集《为了祖国》（上海晨光出版公司）。1953年出版短篇小说集《复工》（工人出版社），同年7月调天津市文联工作。1956年2月加入中国作家协会。1957年夏编成评论集《小兵集》、诗集《草原诗抄》《海河诗抄》，创作长篇小说《青青的草原》，10月被错划为右派分子，旋即下放天津郊区农村和农场劳动。1961年摘掉右派帽子，1962年调到天津市文学研究所从事文学理论及美学研究，业余创作了百万字的长篇历史小说《庚子风云》（一、二卷，百花文艺出版社），同时从事文学起源和《诗经》的研究工作。“文化大革命”期间，在天津市地毯厂当工人五年。1974年调到天津师范学院，任

《天津师院学报》编辑。1979年初右派问题纠正。1980年3月任天津师院中文系主任，同年9月被选为天津市美学学会会长。1976年10月后，出版《鲁迅年谱》（上、下册，与邱文治合作，天津人民出版社），发表中篇小说《三月——四月》，出版《风诗名篇新解》，修改美学、艺术史专著《艺术的起源》，尚有中篇小说《神秘果》《祝福你，费尔马！》《动人的沉思》《昴星团之歌》及长篇小说《盲流》等。此外鲍昌写下了大量文艺理论文章和散文杂文，短篇小说《芨芨草》曾荣获中国作协优秀短篇小说奖，并主编了大型文艺工具书《文学艺术新术语辞典》。

鲍昌少年时期投身革命，历任天津市文联党组成员、副秘书长，《新港》月刊编辑部主任，中国作协天津分会副主席、党组成员等职。1985年中国作协第四次会员代表大会后，调任中国作家协会党组成员、书记处常务书记。

鲍昌同志的一生是追求真理、无私奉献的一生，也是才华横溢、著述极丰的一生，他虽历经坎坷，但对党的事业始终忠贞不渝。他黾勉多思，既有深邃的学术修养，又有丰富的艺术想象力，他对美学、文学以及现代自然科学的某些领域都涉猎颇深，他以学者型作家和多方位文学创作者及思虑缜密的文学组织工作者而著称于中国当代文坛。尤其在中国作协的领导岗位上，他兢兢业业、勤奋工作，广泛团结同志，关注文坛动向，经常敏锐及时地提出建设性意见，为繁荣社会主义文艺事业战斗到了最后一息。

鲍昌同志的猝然逝世，给文学界造成不可挽回的巨大损失，令人无限悲痛。让我们继承鲍昌同志遗志，团结一致，为进一步发展社会主义文学事业努力工作，以此告慰鲍昌同志的英灵。

1989年2月22日

悼文及纪念文

哭鲍昌

张锲

鲍昌同志，你走了！你走得这样匆忙，这样急促。此刻，我正站在你的身边。明知你的呼吸已经停止，血液正在冷却；你的眼睛已经合上，脸色正由白转青。但我仍然不敢相信，不愿相信，不忍相信！不，我不相信，你真的会这样决绝地离开我们?！你还有那么多的文章要写，那么多的工作要做，那么多要了却的心愿没有了却。你，不会走，不能走，不该走啊！

然而，事实无情。无论我们多少次呼唤，你再也没有睁开眼睛。你的亲属和朋友们正围绕你哭声四起，你竟然毫无所觉。作协书记处中年岁最长的葛洛同志和唐达成同志摇撼着你的双臂，哽咽地哭道："鲍昌，你这是劳累而死的啊！"你也全无反应。啊，鲍昌，你真的走了！你已经艰难而沉重地走完了自己的一生，带着满腔热爱、满腔遗憾、满腔积郁、满腔难以尽说的痛苦，脚步蹒跚地走了！

窗外，一轮冷冷的圆月挂在半空。今夜是月全食。按照预报，再过一会儿，乌云就会蚕食圆月。人们传说，这是天狗在吃月亮。鲍昌，你为什么选择这样的时刻离开人世？这是巧合？还是冥冥之中果真有什么主宰人们命运的神灵，故意做出这样的安排?！我凝视着你，欲诉无言。我只默默地走近窗前，默默地望着冷冷的天空、冷冷的月光、冷冷的大地。我的心上像是落满了冰霜，一阵阵发冷，一阵阵紧缩……

人说天道无常。鲍昌，我们都是唯物论者。我是不相信天上有什么神灵的。但我此刻却宁肯信其有，为的是向这位造物者提出责问：中国文人受的苦难够多了，如今又有何罪、何辜？！竟在今年今月的一周之内，连陨三颗明星，连折三员大将？！先是莫应丰，后是铁衣甫江，再后则是你。你们三人都正值精力旺盛的华年，正值才情迸发的创作高潮期，为何要夺去你们的生命？！而你，从发现病情到不治而殁，统共才不到六七周的时间，更使人感到突兀，感到惊愕，感到悲痛！

鲍昌，还记得么？4年多前，我们一起从外地来到北京，来到全国作协。4年来，我们朝夕相处，有多少诚挚的切磋，激烈的争论，共同的欢乐和烦恼？！你日夜辛劳，起早睡晚，不间断地进行工作、写作和学习。你没有度过一个节假日，不愿轻易地放弃任何一个邀请你前去参加的会议，对任何一次发言都做出认真准备。你每天要记两本日记，一本工作日记，一本生活和读书日记。你每天要读近百种杂志和新到的书籍。全国每天有大量信件给你寄来，你每信必复，从不延误敷衍。如此紧张、繁忙的这4年里，你还留下了好几十万字的著作。人们说，你的时间是以分分秒秒计算的。这绝非夸张、过誉之词。有时候，我们曾以为：你有着永远使不完的精力、用不尽的智慧。没有想到，曾几何时，人就像一根上得过紧的发条，在一瞬之间便突然绷断了。

鲍昌，你一生涉猎甚广，著作甚丰。有位作家说："我们知道鲍昌在研究什么，不知道鲍昌不研究什么。"作为你的朋友，我还进一步知道：你这些丰富、精湛的学术著作和文学作品，是在何等艰苦、何等困窘的情况下完成的。借用鲁迅的话，你吃的是草，挤的是奶和血。你是文学领域里又一条辛勤耕耘的牛。你和许多我们这一代作家一样，都活得太累、太累，太苦、太苦啊！

鲍昌，你从少年时代投笔从戎，立志报国，如今屈指算来，已经43年有余了。这43年的是是非非、恩恩怨怨、功功过过，在你最后合上眼睛的这会儿，都全部了结了。但又何曾了结？！这43年，你有一半以上的时间，是戴着“右派”和“摘帽右派”的帽子度过的。就在你被发配到农场、工厂车间监督劳动时，你还是在孜孜不倦地潜心为党改造、为党学习、为党写作。你的一生已经证明是对党忠贞不渝的一生。但人们从你的经历中，不禁要又一次提出疑问：我们干吗要办那样多的糊涂事，把那么多的忠贞于党的优秀知识分子打成反党分子啊！

这样的历史，再也不该、再也不能重复了！

鲍昌，从发现你已经身患癌症之日起，我们在震惊之余，原以为你还可以多活上几年。谁也没有料到，你竟然走得这样紧迫，竟然没有来得及留下一句遗言。但从你在神志不清时的喃喃低语中，还在不停地念叨着“文……艺……报……”，念叨着“基……金……会……”，我们知道你还在关心着全国作协的工作。而在你神志清醒时的多次谈话中，我们则知道你更为关心的还是中国的改革开放千万不能后退！啊，此时此刻，我多么后悔，为什么没有把你最后的几次谈话用录音机录下来，好让人们更加准确地知道：一个濒于死亡的80年代的中国作家、中国共产党员，究竟在想些什么？！关心些什么？！

鲍昌同志，你放心地走吧。你所关心的全国作协的工作，同志们会集体承担下来。你所担忧的中国改革开放事业的前途，是不会停顿、不会倒退的。因为，这是大势所趋，人心所向。改革得以前进，党将兴旺，国将昌盛。反之，党将不党，国将不国。人民不会答应！历史不会答应！

鲍昌，你安息吧！

《光明日报》1989.2.26

悼鲍昌老师

张建星

我是在夜班的大样上看到鲍昌老师逝世的消息的。他终年 59 岁。我的心头掠过一阵悸冷。于是一夜无眠。

其实，我是不该写这样文字的。因为鲍昌老师不会记住我这个学生的。我未曾和先生交谈过，先生生前也未曾赠我一书一字。在大学，我只是远远望着他的一个普通学生；我只是被他那充满激情的才思和直言感染过。

我在大二的时候，鲍昌老师从《师大学报》调任天津师大中文系主任。当时，我只看了他的《鲁迅年谱》和有关《诗经》的文章。他在《诗经》研究方面留下的真知灼见，和那富于节奏的激扬文字很让同学们爱读。所以，中文系的同学们听到鲍昌到任的消息，竟至奔走相告。

鲍昌老师的确给中文系带来了非同寻常的活力。对于学生，他和他的讲课是富有魅力的。他亲自开选修课，讲《诗经》，讲经学，讲美学，每次合班上课全是座无虚席，有时门外也挤满了人。后来南大、天大的学生也来听他讲课。鲍昌老师的思辨、口才、气势，甚至他那略显傲岸的表情，让不可一世的大学生大为陶醉。学生陶醉他也陶醉，激动时，迭句频出，妙语连珠，尖刻幽默，如背汉赋，直引得学生们掌声不断，大笑不止。这时，鲍昌老师的嘴角也露出极有个性的，甚至有点得意的微笑。

鲍昌老师是快捷而不甘寂寞的。给学生带来活跃，带来新知，也带来冲动。他当系主任的时候，遍请全国名家，包括有争议的人物来校演说，随来随讲，竟占了许多政治学习的时间。他因此似乎遭到非议，但学生们觉得挺带劲。

鲍昌老师当系主任后似乎一直是有争议的，听说这些争议和他后来离校有关。有人说他对教师业务要求苛刻，对无能者不屑正视，更不宽容，批评的严厉令人难以接受。鲍昌老师著作很多，常有新论问世，且才情横溢，文如其人，听他讲课也能感到他的个性：亢奋起来多有直言，抨击之词尤其严厉，而且绝不谦虚，更不掩饰自己的才华。——这就是鲍昌先生。所有这些，放在中国传统的背景下，不能不构成性格悲剧。但是，“能受天磨真铁汉，不遭人妒是庸才”。活着嘛，还是真实些、潇洒点好。从这个意义上说，鲍昌老师算是活过！

他离开学校，众说纷纭。但有一点是真实的，鲍昌老师调离师大，中文系许多学生竟在很长一段时间怅然若有所失。在这之后，的确沉寂了一段。鲍昌老师离校的最后一次课，我听了，记得他很动感情，也很留恋师大，还有他的学生。我想依鲍昌老师的性格，他一定有许多设想没有施展，一定有很多精彩的课未及开讲。“壮志未酬身先死，长使英雄泪满襟。”不知为何，我当时给一个同学写下这句诗。

他到北京工作后，我们也只能在报上看到他的踪迹和美文。渐渐地终于不提了。一日，鲍昌老师的公子鲍光满到报社找我，说起旧事，小鲍告诉我，他父亲很想师大的学生。听了这些，当时，我的确感动。

没想到，我还未能按小鲍指点，到北京尝试这份师生之情，先生却辞别人间而去了。59岁，作为一个著名作家应该说又是一个勃动的青春期，何况先生曾有二十多年被埋没岁月！生活对他太不公平了！听说，现在有些同志在议论鲍昌老师生前一些是非，我想这也是正常的。正如人非圣贤，孰能无过一样正常。历史，似乎有时是有意为善良的人们制造陷阱！谁也赢不了和时间的比赛，谁也输不掉曾经付出过的爱。我想，鲍昌先生听了这话也能安息了吧！

《天津日报》1989.3.1

永别了，鲍昌

邓友梅

鲍昌去了，我很哀痛。

我认识鲍昌很晚。虽然 1957 年报纸上曾宣布我和他同属一个“反党集团”，而且都是“要犯”，我和他初次见面却是 20 余年后大家都“改正”了的时候。真正认识他则是 1985 年年初同时调到中国作协书记处以后。

这四年我们在一起相处很融洽。

鲍昌有学问，当过大学的系主任。他研究历史，研究美学，研究文学，都有理论专著；鲍昌有才气，他写长篇、中篇、短篇，都有成绩。除此之外他还有做组织行政工作的才能与经历，为此才调到中国作家协会当了常务书记。

作家协会的工作对全国文学运动的发展与制约，对谋求作家福利，有作用也有限度。从一个组织来讲，工作做好是应该应分的，做不好受批评责难也理所当然。作为工作人员个人对这一切负有多少责任及何种态度，则因人而异。鲍昌在这方面称得上“忍辱负重”。常务书记的工作无所不包，在很长一段时间内他天天坐班。经济行政、理论创作、内事外联、会议诉讼，事务之繁杂，头绪之纷乱，绝非外人所能想象。人无完人，谁也不是三头六臂，何况一个书生，差错是难免的。即使是别人出的差错，常务书记做检查也责无旁贷。人们都痛恨官僚主义，值得高兴的是责备文化团体的官僚主义比责备有权势的部门安全得多，所以他应有机会听到较多的批评甚至责难。张三得了奖，可以骂成走了作协后门，作协负责人可耻；李四没得奖，可以骂作协领导存有偏见，可恨；分房子、评职称、入会、出国，都有争议，都有矛盾，这一切最后全归到常务书记身上，他们要去解释、检查、交代。不仅任劳，而且任怨，有时，也会有些出人意料的横祸。有次作协办的一本刊物上发了篇年轻人的作品，惹得一些人恼怒了，指明作协负责人前去“解释”，鲍昌他去了半日，回来时面无人色。我问他：“怎么样？”

他小声说：“重温了一下受围攻，挨斗的场面。”

他苦笑了一下，把桌上两份报纸推给了我说：“我们这么干，可你瞧人家还说什么？”

这两份报纸，一份是国内的，上边有人写文章说作协是个名利争夺场，一些人在这儿抢着做官，表示嗤之以鼻；另一份是国外的，又有人在那里说：“作协的领导人有的也曾是作家，所以迫害作家更有办法。”我说：“怨谁呢？，你当教授，当学者，当作家，那样也能混碗饭吃，何苦来干这个？”

“不就是还有点共产党员的党性嘛！不就是服从组织决定嘛！”说完叹口气。

话，说完也就过去了，第二天他仍然如常地处理工作。不仅如此，当我在一份向理事会作的书面发言中提出辞职时，他正色地劝阻我：“把这一段划下去，不然我不同意发。我们是党员，作协的工作总要有人做，我们问心无愧就完了，别的不管它。”

我真佩服他的忍劲儿。而且在这种境遇下他还能不断地发表作品，出版辞典，带研究生。我问他时间哪里来，他说他回家后放下筷子就拿起笔，从不舍得睡午觉，很少娱乐。他能倾听各种不同的文艺论调，很少与人争执，但是他自己坚持自己的艺术观，始终把社会效益看作天经地义的写作目的，所以他的小说一向是有所为而作的。他读书很勤，新发表的重要作品，他极少漏掉，因而对文学动态总有清晰的了解。在讨论文学状况的会上，他的发言有材料，有分析，有见解，从不信口开河。有几次与外国作家座谈，他发言后引起客人热烈鼓掌，并且向他表示感谢。除去王蒙之外，我觉得在作家中再找这么一个会做组织工作的人才不容易；在领导干部中找这么个有学问会写作的也不多；而既能做组织领导工作又同时有心境、有韧性去做学问和写作品的人更难，他去世后人们会更加感到这个人才的可贵。

鲍昌做人，有良好的道德情操。他是长子，多年来负着赡养老母和照料幼弟的责任，他自己还有两个孩子。我也是长子，也当过“右派”，深知在那困难的岁月这担子有多重。但在这种情况下他还把另一副担子担了下来，他家有位老保姆，无依无靠，他请到家当长辈一样供养，病了殷勤伺候，平日问寒问暖，多少年如一日，从无倦色从不懈怠。

他是易于合作的伙伴，不盛气凌人，不装腔作势。他是我的领导，我们外联部门有急事分派他任务，他从未推托过，常常碰到别人不愿接受的工作，我就扔给他，他一定认真做好。而在私利上，他却自律很严，没见他伸手要过什么条件、什么待遇。说话办事总给对方、下属留有回旋余地。鲍昌自青年时代追求革命，抛开都市生活，投奔解放区，在解放战争时期就做出了成绩。解放后当了二十几年“右派分子”，含冤蒙垢，但对共产主义的信仰从未动摇，对革命的热情从未稍减。当“右派”时认认真真地劳动，复出之后热情写作，努力工作。为人处世有原则，有理想，有分寸，有节制。一辈子如此做人，我认为可以问心无愧了。

鲍昌当然不是完人，他也有中年知识分子常有的弱点与短处。我们受过类似的政治伦理熏陶，经历过相同的苦难，相比之下，某些消极因素留在我骨子里的痕迹更深，所以我就容易更多地看到他的苦衷，委屈与善意，也容易体谅他的处境与谅解他的不完善处，因而他的去世，我感到哀痛。

永别了，鲍昌，你这一辈子不容易！

《文艺报》1989.3.4

悼鲍昌

唐达成

战友鲍昌，一生屡经坎坷，但壮志未泯，意气纵横，新时期以来，为文学事业辛勤工作，兢兢业业，劳绩斐然。不料竟因肝癌侵袭，遽然辞世。英才早逝，悲痛曷极，文坛当同声一哭。

悲风忍折我栋梁
明月归去沉碧苍
文苑伤悼哭逝水
昊天无极哀夕阳

《文艺报》1989.3.4

哭老铁

——并哭鲍昌、莫应丰

王 蒙

我没有想到这一个蛇年开始得这样凶险，死神突然不容分说地降临到一批正在英年的作家身上。

铁依甫江是我所知道的第一个维吾尔大诗人。他写的歌颂朝鲜人民的诗《当我看见山》感人至深。还听说早在十六岁，他的第一本诗集即在苏联的中亚地区的一个加盟共和国出版了。我是怀着羡慕和崇敬的心情来面对铁依甫江这个名字的。以至于凡是遇到我喜爱的维吾尔族歌曲，例如《伟大的园丁》《迎春舞曲》……我都认为是铁依甫江做的，为老铁争著作权而和别人辩论。当别人以确凿的证据证明某个歌词并非老铁所作时，我则怅然若失。

六十年代初期命运使我成为新疆文联铁依甫江的同事，当时的老铁有不低的级别待遇，却又在政治上极不受信任。先是不停地让他去学习。接着便进行相当规模的批评。批评他写的一首未发表的诗《基本的控诉》。老铁写了一首诗，说是“基本上”三个字被滥用了，明明事情搞糟了，偏偏说什么“基本上”是成功的啦什么的。老铁的诗里有一句话，讽刺吹牛皮放大炮的人，说他们是“用舌头攻占城池的勇士”，这句话被认为说得非常“恶毒”，或者说是非常精彩。便说老铁攻击了“大跃进”，“罪该万死”。

老铁是名诗人，更是名“运动员”。从五十年代后期以来，一搞政治运动就要批评他，来头很大，人人得而攻之得而侮之。确实也有几个人通过毁损比自己智商高许多成就大许多的名人而感到一种特殊的快意，来弥补自己卑琐的生命与愚鲁的头脑带来的自惭形秽的空虚。所以，我到新疆以后才知道，铁依甫江是打入“另册”的人，是人们嘲笑和贬斥的对象。

老铁学会了做检讨，所以每次运动都能化险为夷，又因为诗名赫赫，运动了半天还是著名诗人、十三级干部老铁。而不管怎么检讨怎么贬斥，铁依甫江始终是二目炯炯，面带笑容，身强力壮，谈笑风生。他的笑话永远被传诵，他的笑话集中起来又成为运动中的“罪行”。承认并批判了“罪行”之后全被宽大，宽大之后再说新的笑话。幽默感是老铁的基本功能与基本质地。没有经历过老铁不可能活到今天。没有经历过老铁的坎坷的人无权对老铁的善检讨与多幽默进行非议。

“文化大革命”中老铁过不去了，被说成敌我矛盾，下到农村当农民。据说老铁仍然活得不错。他小时候读过伊斯兰教的经文学校，懂经文——阿拉伯文，也读一些波斯文与俄文。据说在农村他成了依麻穆——经师，到处念经，并受到农民宰羊屠牛的招待，不知是不是事实。

老铁旋即被落实政策召回，旋即成了受宠的人物。于是又有各种的侧目。我在 1973 年以后也通过铁依甫江的美言争取了自己的处境的些微改善：如可以不去坐班，可以更多地读书、翻译与写作，虽然没有写成什么，但是老铁没有拒绝向我伸出援助之手。这也算惺惺惜惺惺吧，谢谢你，老铁哥！

受宠以后便要写一些应时的诗。我还译过几首他的这种无价值的诗。后来情况又变了，老铁又不那么“宠”了，后来“四人帮”就倒了。

老铁和我都为他写我译的竟是那种口号诗而遗憾。“四人帮”倒台以后我向他建议，写十首真正有感情的诗吧，最好是爱情诗，我给你译。他很赞成，但终于没写出来。青年诗人——天才——可疑分子——运动员——敌我矛盾——落实政策——宠臣——非宠臣……走完一遍这样的路，还写得出爱情诗吗？

写不出爱情诗他也不能死！他幽默、健康、坚强、大度，他死不了！在乌拉泊“五七”干校的碱地上，他干起活来像一头牛一样，打土坯，打馕，盖房，浇水，收割，他一个人顶三个人，可不像后来的某些诗人那么娇嫩自怜。所以，当1987年听说他也得了和克里木·霍加一样的病的时候，我不能相信。1988年夏天我去新疆驻京办事处看他，他刚动完手术，他清瘦了一点，又掉了许多头发，是因为放射线化疗的结果，但他仍然不停地说着打趣的话。

甚至1989年1月的最后诀别，在301医院，即将回疆度过自己的最后的屈指可数的日子的衰弱的老铁仍然不忘开玩笑。老铁向赛福鼎同志介绍1980年我们在一起开的玩笑。那年我们同车去鄯善县。铁依甫江受到农民的热烈欢迎。他也用诵诗答谢农民，维吾尔民族是一个诗的民族。老铁这样的诗人精英并没有用疏远乃至敌视大众作为自己“确属精英”的标志作代价或证明，这使我非常佩服，也羡慕。老铁访问一家大嫂时，大嫂送给他几棵白菜。我调侃说：“真是人民的诗人啊，所以要吃人民的白菜！”老铁为之喷饭，并引用转述这个故事来作为他与在京的故人们的诀别……

而这样的诗人死了。克里木·霍加也死了，两个人同样的命运，同样的病。这是真主给维吾尔的最有才华的诗人的安排吗？我离新疆十年，哈萨克族作家郝斯力汗、马合坦死了，维吾尔族评论家帕塔尔江死了。然后是这两位出色的诗人。所有这些人都是刚刚50多岁就凋谢了的。遥望天山，欲哭无泪！让我们再回到“五七”干校去吧。我们一起夜班浇水——当然，是你们帮我干许多活的。我们轮流抽莫合烟与阿尔巴尼亚香烟。我们用各种警语妙语谐语来互相安慰解脱，也曲折地表达了我们的心意。那样的生活，不是很幸福吗？只要人平安，只要人长久！

打击还不仅是这些呢。莫应丰，51岁逝世，就在铁依甫江逝世后的当天十几个小时以后，千不该万不该，鲍昌也走了。这些历经坎坷的中年作家！这些刚刚过了三天半好日子正要大展宏图的中年作家！这些两肩挑着重担的中年作家！这是怎么了啊？

春节中接到身患偏瘫、已有好转的刘绍棠的来信，信中说：“惊悉鲍昌突患恶疾，更为心冷。难道吾辈兄弟气数将尽乎？比我们老的活得长寿，比我们小的活得自在，羡煞人也……”

现在还能说什么？天啊，真主啊，叫也白叫吗？

《文艺报》1989.3.4

挽鲍昌

端木蕻良

阅晚报得悉鲍昌去世，不禁愕然。当年握手津门，犹历历在目，不久前于会上且联袂而坐，相约长晤，何竟溘然而去耶！

我病在床，鹿车难寻鲍家墓，君行如电，亟风吹散昌谷篇。

《北京晚报》1989.3.4

悼鲍昌

周骥良

惊悉鲍昌撒手人间，不禁为之凄然良久。他一向精力充沛，又年未过花甲，不时奔走大江南北，又不时有文章见诸报刊，正奋发有为之时，想不到他却走得如此仓促，猝然病发，突然病故，反倒走在我们这些早已年过花甲之人的前面了。仓促得令人无法承受。本来应该在他笔下留给国家民族的，就这样带走了吗？本来应写完的长篇，就这样绝笔了吗？可惜可惜，痛心痛心！

鲍昌一向被人们称为聪明睿智，才思敏捷的。似乎他没有反对过，但也没有这样自诩过。记得有次他曾微笑地说："最要当心的还是聪明反被聪明误。"他一生大起大落，历经沧桑。这话自然是有感而发的吧？我和鲍昌在作协天津分会两度并肩工作，从他作为新秀登上文坛，到一度跌了下去，到重又蜚声文坛，拿出一个又一个硕果。我个人的印象，在聪明才智之上，主要的还是凭了这样两点：一曰有毅力，敢于攻坚碰硬。他是以文艺评论起家的。在理论上涉猎较深，读过大部头著作，不是浅尝即止，而是能站到美学的高度上，因此使他写出的文章往往有居高临下之势。记得他被错划为"右派"之后，一个跟头栽下去，对有些人说，只怕已是万念俱灰。但他却不声不响地在搜集探访义和团的经历者和目击者，据说他先后在天津找到了九十二位老人，单是这份笔录材料留到今天，恐怕已是难得的一宝了。在这样的基础上写他的长篇《庚子风云》，自然是得心应手了。不因风雨而畏志，这样坚持干下去，自然会把自己的舟划到岸上去的。二曰下苦功夫。记得十年动乱期间他下放到一家地毯厂，面对织毯，几小时劳动下来，已是精疲力竭，难以为继了。但他回到家去，仍然要在夜灯下读书或写作，从不间断。还记得有次他给业余作者讲课，讲到在文学上如何下功夫，他竟是按不同类别摘录辞藻达几十本之多，如描绘云的，描绘雨的，描绘山的……总之，他把功夫在平时积累上用够，自然在下笔时得心应手，俯拾即是了。他的写作是蘸着血和汗写下的！

然而，偏偏这样有大毅力、肯下苦功夫的人，却在还能拼搏一段时期的征途上倒了下去！但愿有更多的后继的人接应上来。

《今晚报》1989.3.6

我的同龄人

赵大年

鲍昌同志今春突然发现肝癌便溘然辞世，使我感到震惊！除了震惊，我还能说些什么呢？去年12月，北京作协在北郊召开代表大会的时候，鲍昌还代表中国作协前来祝贺。见到我的第一句话是：“大年，如见故人啊！”我说：“上个月还一块儿开会来着嘛。”他笑笑：“我的感觉是如见故人。”

饭桌上我问他：“忙什么呢？”他苦笑一下：“开会。我多羡慕你呀，时间是自己的。你那部长篇，我反复想了几遍，还是希望你大胆地写出来。写吧！写到纸上就能留下。免得将来后悔。”

他指的是去年8月一次长谈话。我在延边参加少数民族的笔会，他以教授和评论家的身份到会作了个精彩的学术报告，对我颇有启发。一块儿去长白山天池的时候，我便向他谈了自己早就想写又不敢写的一个长篇小说构思。因为涉及少数民族的一些敏感问题，他曾建议我慎重再慎重，可是又说：“这个故事确实震撼人心。”

没想到他一直记着这次谈话，还“反复想了几遍”，又把最初建议的“慎重”改为“大胆地写出来，免得将来后悔”。从这件小事里，可以感觉到一位学者朋友的心动。

鲍昌因病住院的消息传来，我强压住思念而不去探视。因为那是一种很残酷的场面：领导、亲友蜂拥而至，客观上向病者传递一种什么信息呀？何况我们都是写小说的思维敏感之人。同样的理由，也是这次北京作协的代表会上，霍达同志叫我一块去医院探望诗人铁依甫江同志，我也没去。

可是，老铁和鲍昌相继辞世的噩耗很快就传了来！又令我深感悲痛和内疚。

噩耗接踵而至——湖南出版社一位同志上周告诉我，莫应丰病故了！这位荣获“茅盾文学奖”的中年作家，为什么也走得这样早啊？

三位朋友，铁依甫江和鲍昌比我大一点，莫应丰比我小一点，都是五十郎当岁吧，我的同龄人啊，说走就走了。在龙蛇交替的一个来月当中同时走了！

我从来不会也不愿写悼念文章。深写不行，浅写不恭。此文也无意悼亡。三位朋友一起走，我就是分头去哭也来不及啊。

我曾赞美我的同龄人：我们这一代人，都有许多坎坷经历，新时期又变成了忘我工作的“拼命三郎”，肩负着承前启后、继往开来的重任，在各条战线充当挑大梁的角色……只是身体大都累垮了。

这也是“知天命”者的光荣吧。

《北京晚报》1989.3.13

“黑色的二月”祭

杨光治

翻开刚到的今年第8期《文艺报》(2月25日出版)的第1版，3条有关文学家病逝的消息赫然在目，令人悲伤、感叹。

这3位辞世者是：中国作协常务书记、著名作家、评论家鲍昌(59岁)，中国作协副主席、新疆维吾尔自治区文联副主席、著名诗人铁依甫江·艾里耶夫(58岁)，作协湖南省分会副主席、首届茅盾文学奖获得者、著名作家莫应丰(51岁)。我认识鲍昌，去年5月，在扬州举办的“运河诗歌研讨会”上，曾聆听了他所作的报告，还与他闲谈过。当时他还神采奕奕，想不到如今已成“故人”。我虽未有幸认识铁依甫江·艾里耶夫和莫应丰，但读过他们的作品，留下不浅的印象。呜呼，这3位成绩卓著的文学界人士年纪还未老，他们完全可以在文坛上继续驰骋，但英年早逝，而某些犯了祸国殃民的弥天大罪之辈，却可以悠悠地度过古稀之年，老天太不公道了!

这3位文坛骁将已永远抛下心爱的笔杆。他们辞世的时间竟如此集中，这1989年的2月，对文学界来说，可说是黑色的2月。蛇年刚始，就折了3位文学精英，“灵蛇”，“灵蛇”，其“灵”何在?!

自然，埋怨老天和蛇，是没有意义的，他们的过早逝世，与劳苦有关，我也是文学圈中人，知道其中的苦辛，有谁每天不工作10小时以上？太累了，社会的这一群！而这劳累的一群的经济收入却微不足道。他们穷而且累，寿能永乎？！

去年某刊上，有一篇记述著名诗人公刘、梁南、昌耀收入微薄、家徒四壁的文章。有些人读了不大相信，当时就有一位在工厂工作的老同学特意找我来“核实”。刚好这3位诗人我都熟悉，所以一一为之“作证”。其实，文人历来都穷，不是今日始，请看明朝瞿宗吉的一首“打油”：

自古文章厄命穷，聪明未必胜愚蒙。笔端花语胸中锦，赚得相如四壁空。

司马相如式的“四壁空”的境况可谓多矣，但这位汉代才子还是“走运”的，后来他与寡妇卓文君私奔，当了个体户，开伙食大排档，卓父碍于面子给予资助，使他“阔”起来了。像他这样“走运”的似乎不多，历史也只记载了一个，因为绝大多数文人还不愿与人私奔，有钱而又顾面子的岳丈也不是容易碰得上，所以绝大多数文人以穷告终，他们的超越时空的辛酸，铸成了瞿宗吉的“自古文章厄命穷”的喟叹。

穷而要守志，如何是好？唯有自珍。是的，春雾白鬓，夏阳灼肤，秋雨蚀骨，冬风冷心；更何况，一不小心，笔锋会戳伤自己，稿纸的格线就会爬满额颊，文人们，祈请自珍！

穷神把文人缠得太久了，应当感到乏味了吧？愿他从今之后撒手，永远走开。“黑色的2月”过去了，但愿不会有什么“黑色的”3月、4月……到来。

是为祭。

《羊城晚报》1989.3.16

悲丝绵长、忧思绵长

——悼念鲍昌

张同吾

静穆的灵堂是宇宙间的一个怪圈，站在这里，理性凝固了，只任眼泪流淌，只任感情流淌。

从你住进医院到传来噩耗，竟然如此短暂，短暂得让人猝不及防，短暂得来不及扶正倾斜的心灵，便走进了这空旷和迷茫。你作为中国作家协会书记处常务书记，工作繁杂，负荷沉重是有目共睹的；你作为著名作家、评论家，著作丰盈才华纵横是有目共睹的，而且有多少人叹服你的博学强记学贯中西。但你是诗人，也许倒鲜为人知了。当然早年出版的诗集《草原诗抄》《海河诗抄》并非上乘之作，时代的局限给诗以局限，你难以超越时代和自己。经过二十多年的风雨磨砺和人生沉浮，你的诗思变得凝重而深邃，在鲜活的意象中流动着深刻的人生体验。我尤喜爱你的长篇诗论《当心她啊，伊尔的美神》，你把美学家的理性把握和诗人的艺术体验熔为一炉，以诗的语言阐释了诗的本质，挥洒自如余味深长。两个多月前，有一次在院子里与你相遇，你很兴奋地对我说，写了《诗四首》发在《诗刊》上，不知你看到没有。我说看了。你还是亦庄亦谐的神情："愿听阁下高见。"我说，我喜欢其中三首，喜欢充满内在生命力的情绪，而不喜欢刻意对某种形式的追求。你半玩笑半认真地向我一拱手说："蒙您肯定，荣幸荣幸。"后来我曾想写篇文章评论你的诗作，按说谈诗论诗，正常而自然，但终因心理障碍未能命笔，今日思之，怆然歉然。

在被放逐的岁月里，你写道：“红柳树 / 像无字的书 / 记录下我 / 升华的历史”。当田野在春天复活，你便顿悟“人，一生要活两次”。这是曾入地狱而灵魂不死的人，才会有的生命体验。所以，你选择了你的生存方式，让进取精神照彻人生之路。

在诗中你曾自问：“人，生在哪里 / 人，死在哪里”。当解放战争的炮火轰响时，你正在北平辅仁附中（现为十三中）读高中，我没有来得及询问，当年你的教室可是后来我读书的课堂？是怎样一种昭示让你投笔从戎？三十八年之后你又回北京，仿佛又是一种选择，仿佛完成了生命的轮回。

五十九岁，正是金黄的季节，人生之树，文学之果都该一片辉煌。谁能回答呢？——为什么英华早谢才人先殇。你一如放飞的纸鹤，远去了消逝于蓝天之中，我们心头只是悲丝绵长，忧思绵长。

《北京晚报》1989.3.22

悼鲍昌

张同吾

灵堂肃穆天也肃穆
像是走进宇宙的怪圈
理性凝固了
心也凝固了
一任哭声撕碎
松树的静谧

仿佛就在昨天
你还用七彩笔
在人生的七巧板上
画七彩的虹霓
画圆圆的希望
仿佛就在昨天
你还以熊熊的火光
燃亮午夜的窗棂
燃亮俏丽的晨曦
燃亮自己明澈而深邃的
理性

不知是命运的安排

还是生命的轮回
从哪里出发
又回归哪里
深深地为你悲伤
隐隐地为你庆幸
少年魂魄血气飞扬
你沸滚着热血
高举信念的图腾
去寻找一片自由乐土
在烽火连天日
以青春的玫瑰色
绘制了青春的风流倜傥

你走进了信仰的圣殿
你自慰于生命的辉煌
不知是没读懂中国
还是太读懂了生命
让热情选择正义
进行一次勇敢的探险
然而　命运之网
用轰轰烈烈的结论
宣告了东方准则
谁是代言人
谁先下地狱

是一次感情的丢失
又是一次价值的确立

风沙中的红柳树
依然茁壮
炼狱中的三生石
依然晶莹
于是有庚子风云
汇成悲壮的歌声
于是有缪斯女神
与你同游澄净的湖水
于是诗是火中凤凰
你驾着凤凰飞翔

经历了太多的悲哀
常常忘记了悲哀
也许　忘记悲哀
才留下更大的悲哀
上帝偷偷地在自己的碗里
投掷骰子
你不知道他的奥秘
依任在自己的天空
放飞彩色的纸鹤
时而是美丽的太阳花
时而是缤纷的太阳雨
金秋满园　喜看秋光潇洒
天地冥冥　不知月有圆缺

泪眼迷蒙思绪迷蒙
希望在迷蒙中消逝

寻求在迷蒙中再生
凝视素洁的白花素洁的挽幛
绿茸茸的小草在春天的原野
萌发

1989.2

送鲍昌归去

陆文夫

朋友相聚一场，夫妻伴随一世，最后都得挥泪告别，不是你送我返冥，就是我送你归西，生生息息是自然的规律，不必忌讳，更不必妄图万岁。可这自然界也实在不讲道理，随便扰乱秩序，破坏规律，不分先来后到，生死任意调遣。鲍昌同志小我两岁，我却挥泪与他告别。他走得太早，而且是走在不该走、不能走的时候，作家协会有那么多的工作要他去做，他自己还有许多未曾写完的东西。鲍昌同志在病危之际曾经有个强烈的愿望，希望能找到某种医疗的办法，活两年，让他写出他急于要写的东西。人力无法回天，这对一个作家来说实在是够残酷的。

我很尊敬鲍昌同志，因为他和我有着几乎是相同的经历。可他比我早慧，而且认真刻苦，勤奋缜密，没有那种不求甚解，灵机一动，大大咧咧的所谓才子气。可他却实在是个才子，在文艺领域里样样皆能，甚至对现代自然科学的某些领域也有所涉及。他是个小说家、剧作家、诗人、文艺理论家、教授、编辑、出色的文学组织工作者，像他这样的多才多艺，在我们的同辈之中实在是不多见的。王蒙同志曾经提出过作家要学者化，鲍昌同志却早就是个学者化了的作家，他没有化成一个纯粹的学者，而是作家与学者的交叉。他没有读过正规的大学，真正的学历只是高中肄业，像当年许多爱好文艺的革命青年一样；他之所以拿起笔来，是凭着对文艺的爱好，对革命的热情以及在革命队伍中的生活经历。他二十一岁时便出版了短篇小说集，二十七岁时出版了评论集、诗集和长篇小说《青青的草原》。在 1957 年 6 月前的一两年，是五十年代一批作家的出土时期，当今文坛上一些中年或将跨入老年的作家，都是在那几年间破土而出的。到了 1957 年的 7 月以后，鲍昌同志也在劫难逃了，被打成了右派。当右派，当摘帽右派，当牛鬼蛇神有四种当法：一种是天真地认真改造，以求脱胎换骨；一种是灰心丧气差点儿上吊或吞安眠药片；一种是心犹未死，但待来年；一种是暗地里写，暗地里学，把学问装在脑子里，把作品藏在墙洞里。不必去评论这四种当法的优劣，只是说第四种当法更需要刻苦和毅力。鲍昌同志属于第四种，他当了右派以后在劳动之余便研究美学，研究艺术的起源，研究《诗经》，研究历史，研究鲁迅，写下百万字的长篇历史小说《庚子风云》，还与人合编了上下两册的《鲁迅年谱》。他所以能成为学者，成为教授，都是在劳动改造之余打下的基础。每想起鲍昌同志这段经历时，我总觉惭愧，我和他的境遇和条件差不多，他孜孜不倦，我却把时光都装进了酒壶。

我和鲍昌同志都参加过 1956 年全国青年创作者代表会，参加那个会议的绝大多数作者不久便成了右派、反党分子、中右、内控等等的玩意。这以后风雨横扫二十年，大难来时各自飞，谁也不知道谁在哪里。“文化大革命”结束之后我们这些人也不来往，因为头上还有顶帽子，不敢去呼朋引类。直到 1980 年初夏，右派问题纠正了，心里的一块石头暂时放下了，鲍昌同志忽发豪情，借了个机会重下江南，到南京、到苏州来看看《探求者》的幸存者。他走路和打听地址是很有本事的，居然能七拐八弯地摸上我住的大楼。他穿着一套中山装，戴一顶鸭舌帽，背一架不大灵光的照相机，我开始以为来了一位记者，及至通报姓名才惊喜交集。那一天苏州阴天，正是江南的多雨时节。我们两人都有一种恍如隔世的感觉，畅谈二十多年来的各种经历，有时候自己也弄不清楚，人居然会有那么顽强的生命力，而且常常是好了疮疤忘了痛，谈论起来加进点讽刺挖苦和幽默还十分有趣。古代的中国人讲究复仇，古代的欧洲人讲究决斗，我们这些人都受过良好的训练，讲究不计前非，因而容易获得某种平衡，也容易不分是非。我们畅谈了一个下午，等我送他下楼时天色已暗，细雨霏霏，这时候鲍昌才想起那架照相机，邀我站在小巷深处合拍了一张照片，后来他告诉我那张照片的效果不好，我想大概全是黑的。

四次作代会以后鲍昌调到北京，任作家协会的常务书记。这时间我们见面的机会较多，有时候也到左家庄他们所住的大楼里去逐户叨扰一顿酒饭，谈谈工作中的烦恼和创作方面的问题。因为我听鲍昌同志谈烦恼时，见他那烦恼的情绪比他的话还要多，所以总是把话题引向创作方面。我读过他许多理论文章，十分敬佩，当我被各种文学理论弄得头昏脑涨时，他总能不慌不忙，正本清源地谈出一番道理，同时，谈文艺总比谈人际关系轻松愉快，适合于茶余酒后的调剂。谈到后来我总是劝他快把烦恼收起，抓紧一切时间写东西，含有鼓励和促进之意。现在想起来我这样做是错误的，因为鲍昌同志对待自己的创作已经到了拼命的程度，不能再激励。他每天为自己规定了一定写作量，不写完决不休息，完不成便要自我检讨，自我忏悔。他在作家协会任职期间，工作那么繁忙，每天早出晚归，居然还创作了那么多的中篇、短篇、散文、文艺评论，甚至还主编了大型文艺工具书《文学艺术新术语辞典》，那洋洋数百万言都是熬灯油熬出来的。对于这样的拼命三郎实在不应该再鼓励了，而是应该多多提醒，那灯油是定量供应，夜夜都点三根灯草，很快就会熬干的。死神对作家绝不照顾，会乘机偷袭。李准大病一场，至今还在作恢复练习；刘绍棠死里逃生，落下个半身不遂，还有几位很有才华的作家身体也堪忧虑。《文艺报》在同一个版面上发表了鲍昌、铁依甫江、莫应丰去世的消息，这在许多朋友间引起震动，相互致意，保重身体。日子比以前好过了，也得好好地多过几年。不过话也得说回来，即便身体健壮如牛，老不耕田，活着也没有多大的意义。鲍昌同志死得早，但把他的工作实绩和时间相除，其得数是长命百岁。安息。

《文汇报》1989.3.23

心香一瓣忆故人

——怀念恩师鲍昌

赵 朕

正月十五，本来是个喜庆的日子，可是每到这一天，总觉得心情压抑，不由自主地想到1989年这一天的月全食，想到这一天（公历2月20日）晚间的9点30分，正是月全食进入食亏的时刻，我的老师鲍昌撒手人寰。

当代文坛的一颗文星陨落了，陨落在一个月圆的日子。此后，每当元宵节，我总会情不自已地想到恩师鲍昌。

我与鲍老师的最后一次交谈是在1989年2月12日。在此之前的1月5日，鲍老师来信说："从12月下旬起，肝区疼痛，B超发现有阴影……目前身体并未消瘦，食欲尚好，你不必紧张。"我知道他在经济困难时期患过肝炎，非常担心他旧病复发，"变本加厉"，就马上写信安慰他。这期间我一直盼望读到鲍老师的来信。然而，在春节过后我却收到了他的夫人亚方老师的信。信中说："查明为癌，已属中晚期，很困难，我们正在苦斗，希望在你的祝福下他能转危为安。"读罢信，我坐卧不安，焦急万分，第二天，也就是2月12日，我就赶到了北京。

在北京第二传染病医院特护病房里我见到了鲍老师。他明显消瘦了，但精神还好，靠在沙发上，身边还放着几页书稿的清样。在亚方老师介绍治疗情况之后，他告诉我每天做二十分钟的气功，病情大体上控制住了，并比画着食指的手指肚说："肿块收缩到这么大，就可以切除了。"这时，先我一步来探望他的几位亲戚起身告别，我也站了起来，准备告辞。鲍老师却向我摆摆手说："你不忙，再坐会儿。"一会儿，护士来量血压，我搀扶他从沙发上坐起来，躺到床上。他说："咱们的《千珠串》恐怕搞不成了。"我当即似乎有信心地说："搞得成，'留得青山在，不怕没烧柴'。您静心养病吧，身体恢复了，很快就能出版的。"我担心待久了鲍老师太劳累，就起身告辞，握住他的手刚要安慰几句。他的眼睛突然一亮，笑眯眯地说："既来之，则安之吧！"我说："您的医疗条件好，用不了多久就能康复的。"他听后眼角上绽出笑意说："但愿是这样。"这些情景栩栩在目，音容犹存，可是我万万没有料到，鲍老师竟在十天后永诀人间！

我与鲍昌老师的缘分要追溯到50年代初期。当时我是个读报入迷的"红领巾"，家里订阅的《天津日报》几乎成了我每天的必修课。我经常在这个报纸的《文艺周刊》上读到署名鲍昌的诗歌、散文、小说和独幕话剧。无意间这个名字就深深地刻印在我的脑海里，对他产生了由衷的敬意。后来，每见到他的作品我都以先睹为快。久而久之，成了他的作品的忠实读者。或许是出于命运的安排，恰巧在二十年后一个偶然的机会，我们相识了，并由此奠定了我们友谊的基石，成为交谊甚笃的师友。

1974年秋天，鲍老师的人生道路出现转机，从劳动改造的天津地毯厂被调到《天津师院学报》当编辑。在他接任不久，就从成堆的来稿中发现了我的一篇文学评论文章。他对这篇很欣赏，就征得了主编的同意，专程到唐山来找我。适逢我们全家去看电影，他就给邻居留了个便条，约我翌日在西山口开滦招待所三楼的一个房间面谈。第二天我如期践约。敲开门，迎接我的是一位中等偏下身材、清瘦而目光炯炯的中年人。我凭着他的气质和自己的感觉，就认定他是我心目中的鲍昌。我们相互寒暄了几句之后，他就单刀直入地谈到来唐山找我的目的。他肯定了我的论文写得"很不错"，只是想增添一些数据，使文章更有论辩力。他说："编辑部领导的意见是请你到师院修改稿子，差旅费、吃住都由编辑部负担。"我跟他讲，我是刚接一个毕业班，很乱，恐怕学校不同意去。他沉吟了一下说："不碍事，我们有准备，带来几本参考书，你可在家写。"说罢就从兜子里拿出一大摞参考书，并讲述了大体的补充修改意见，然后说："我们跟学校联系一下，给你方便。等你写好我们再回去。"在这两三天的接触当中，我们谈了很多，也谈得很随便，很融洽。虽说是初次见面，却像多年的老朋友、老师友那样无拘无束。回津后不久，他来信说："你的文章已发排。我们已将你列入本刊经常联系的作者名单之一。自本期起，将逐期给你寄一本刊物。"直到现在，《天津师大报》还逐期寄给我。至于每年寄的挂历，以及各种学习资料更是不计其数了。

我与鲍老师相差八岁，我们的友谊严格说来属于忘年交。或因如此，在我们的交往中，既有师长的关怀，又有同志的友谊。最使我难忘的是 1976 年唐山大地震后，在 1976 年 8 月 2 日解放军医疗队将我转院到济南空四医院治疗。8 月 10 日的上午，我住院的外二病房的车护士长，跟随医生查完房之后，举着一封信又回到病室，径直朝着我走来说："老赵，你的信。"我听到她的话，十分惊异：怎么这里还有我的信？她看出了我的惊异情绪，就说："这是你们家托空军的家属捎过来的。刚才正在查房，捎信人又急于回部队，就放在了护士站。"

我接过一看是天津师范学院的鲍昌老师寄来的。信上写道："地震发生后，我立即想到了你，不知你平安否，极为惦念，切望来信告知，以释远怀。"信中还介绍了他的情况："地震时我正在北京出差，当日就赶回了天津。北京王府井的百货大楼被震得裂了个缝，天津的百货公司的'塔尖'被震倒了。我家没有事，现在正忙着凑材料搭防震棚。"这封信是写于 7 月 31 日，邮戳也是这一天。最使我激动的是，这封信是我在外地的故交、亲戚，在地震后寄来的第一封信！我是饱含着满眶泪水读完这封信的。虽然信不长，我却不知读了有多少遍。无论对于谁，这种关怀，这种友谊都是终生难忘的。人在危难的境况中，即使是得到一点点的安慰，也让人感到刻骨铭心，感激涕零，更何况这是长我八岁的师友的关怀呢！

在我与鲍老师交往的十五六年间，他给我寄来近百封信件，有时一个月就三五封，而且对我给他的是每信必复，不管他有多么忙，都是如此。在我们的信件往还中，几乎是无所不谈，彼此的喜怒哀乐都毫不保留地传导给对方，但更多的是我从他那里得到无微不至的关怀，难以计数的教益。不论是在政治上，还是在学术研究上，抑或是在生活上，他都对我关怀备至，及时提醒。他多次约我出差时到他家落脚、聊谈，一旦未能如愿，常在信中流露出遗憾、惋惜的心情。老实讲，我是多么希望有机会亲聆他的教导呀，可是考虑到他太忙，时间极为宝贵，尽量不去打扰他。有时到他家去，谈几个小时就立即告辞。而他又舍不得我走，便常常给我带些书籍之类的东西。有时我去天津时住在他家，尽管他很忙，但仍放下手头的写作，一聊就到夜半。他担心我吃不饱晚饭，就亲自冲麦乳精给我，并说："夜深了，补充点营养吧！"他总是这样关怀着我，甚至在我们的最后一面时，他还握着我的手说："新搬的家很宽绰，以后来京时就住在我家。"

鲍老师对我的关怀不只如此。他曾几次对我说："我的生活状况比你好，你需要什么就从我这里拿。我这里没有的，还可以资助你些钱来买。"其实，当时的鲍老师的生活也不特别宽裕，但他这种热心关怀，使我每每忆及就觉得鼻孔发酸，哽咽于喉。他还曾几经努力想把我调到天津，只是由于某种政策上的原因而未如愿。后来，我决定考他的研究生，可是我的年龄超过了规定标准，只好请他按研究生的要求给予指导。我把自己的想法告诉他，他很惊奇地说："那怎么能行？你早就达到研究生水平了。我都'带'不动了。"尽管如此，在我的要求下，他还是给我开列了中国现代文学和诗经学的研究生的必修课书目，并在陆续的来信中多次谈到学习的要点和科研选题等问题。他还对我说：“‘文革’时期我摘录了很多《诗经》研究的卡片，你可以接过来继续研究。”但由于我分身无术，没有来得及在他的指导下研究《诗经》，成为人生的一大遗憾。虽说我没得到法定的研究生的毕业文凭，但我可以毫无愧色地说：我这个“编外的研究生”，确实是按鲍老师的要求认真地学完了他指定的课业，我没有辜负鲍老师的一片热心。他对我达到的科研水平也比较满意，因而常常约我在他主编的书中搞些东西。他在受国际文化出版公司之托主编大型中国文学精品选粹丛书《千珠串》时，从全国各地邀请了 20 位专家参加，我也被列在其中，负责隋唐小说分注释、点评工作。

1983 年年初，中国当代文学研究会编辑的《当代文学群星》拟在首集中介绍鲍昌，并请他自选人撰写，他就给我来信说：“这篇文章由你写为好。”于是在 3 月初我就专程去天津采访他。在文苑楼他的寓所，我们长谈了将近两天两夜。从他的高祖背井离乡闯关东，到他本人的全部生活经历，都较为详细地介绍给我，从而使我对他的身世、经历、家庭、思想、才智，以及爱好都有了全面而详细的了解。同时也被他的顽强的毅力、执着的精神所感染，所鼓舞。

他的不足一个花甲的生涯，确如作家白桦在唁电中所说的：“坎坷何其长，坦途何其短。”在他呱呱坠地的第二年，“九一八”的枪声把他家推上了颠沛流离的生涯。流亡者的境遇，困顿的生活，使他幼小的心灵滋长了鲜明的民族意识和爱国思想。在他十三岁时就写了“从容忘生死，乃在家国忧”的诗句，展示了这个风华少年的政治抱负和高尚情操。后来，他在中共地下组织的影响下，于 1946 年 1 月，他只身投奔解放区，进入华北联大学习。1949 年他跟随解放大军进驻天津后，逐渐安定下来的生活，萌动了他的创作激情，在短短的五六年，他出版了戏剧集《为了祖国》、小说

《复工》和一本文艺论争集。1957 年春，上海新文艺出版社等几家出版社又分别编发了他的诗集《海河诗抄》、评论《小兵集》和 50 万字的长篇小说《青青的草原》。遗憾的是，一场政治风暴的突然袭来，他被错划为右派。这三本已编发的书也就被扼杀在襁褓中，踪迹难寻了。在他面前刚刚开始的“坦途”，骤然间变成了漫漫的“坎坷”。

侘傺的生涯，可以使人毁灭，也可以使人奋发。鲍昌选择了后者。在劳改期间，他每月只有 30 元生活费，而这时他已有了两个孩子，还要赡养两位老人和照料一个小弟弟。他在农场过着“瓜菜代”的生活，但还要参加沉重的劳动。就在这种极度困难的情况下，他并没有泯灭文学的良知，利用节假日和工余时间，收集天津义和团的素材。在解除劳改之后，于 1963 年完成了《庚子风云》第一部。与此同时，为研究艺术起源和《诗经》，还做了七八千张卡片、百多万言的读书笔记和创作素材札记。

1979 年他得到平反的第二天，就欣喜地写信告诉我：“平反后恢复了党籍和原定的十四级”，由此走上了新的“坦途”。在新生活面前，他痛切失去的宝贵年华，决心将它追补回来。于是他就以鲁迅撷集《离骚》联语“望崦嵫而勿迫，恐鹈鴂之先鸣”来勉励自己，更时时以鲁迅晚年“赶快做”的心情来争取时间。他没有节假日，也没有娱乐时间，常常是睡得迟，起得早，更很少睡午觉。我几次去他家，都见他正在伏案写作。他多次来信中也常提到忙这忙那，拟意写什么，已经发表了什么等。我真担心他的身体招架不了，每次给他写信时总要嘱告几句注意保重之类的话。

1985 年中国作协接受文化部贺敬之部长的推荐，要调他到书记处担任常务书记，他来信说：“从我个人来说，真不愿意去，可是作为一个党员，又不能不服从组织的安排。”他到书记处上任之后，要处理作协的日常事务，要研究创作的动向，还要写自己的作品，再加上为天津师大带的研究生没有毕业，简直是忙得分身无术。他有那么多的会需要参加，有那么多繁杂琐细的工作需要处理，这本来就够忙的了，还要花费许多宝贵的时间和精力来协调人际关系，包揽这样或那样的责任，这早已超负荷运转了，何况他是人而不是神呢！

尽管如此，在这新的"坦途"上，他仍然出版了《鲁迅年谱》（与人合著）、《风诗名篇新解》《文学艺术新术语辞典》（主编）等学术专著，还创作了长篇历史小说《庚子风云》的第二部、长篇小说《盲流》和多篇中短篇小说。此外还写了大量的散文、杂文和指导文艺创作的理论文章，为人民留下了四百多万言的著述。这对一位"坦途何其短"的作家、学者来说是多么难能可贵呀！

然而，苍天不敏，像这样的文学骄子，竟没有给他留下充分施展才华的机会。鲍老师身后留下的文学创作和理论研究的空缺，是难以补弥的。他的史诗性历史长卷《庚子风云》还有两部没有竣稿，他的《诗经新解》工作还只刚刚拉开序幕，他主编的中国文学选粹丛书《千珠串》还没有付梓，他多次出国访问的笔记还没有来得及整理发表……是啊，鲍老师该多么需要时间呀。1983年他对我说，要争取多活二十年，"干出点事情来。"在1989年我去医院看望他时，他又伸出食指和中指说："哪怕再有两年，手头的事也可告个段落。"这本来不是过高的要求，可是天公还是没有应允！我想是不是天公重视人才，对鲍老师另有重用呢？或许是这样吧！

老实讲，与我交往密切的名作家和学者不下数十人，但鲍老师给予我的鼓励、教诲与指导是最使我难以忘怀的。他不仅指导我完成学业，提高科学研究水平，还为我树立了立身行事的楷模。在一如既往的十五六年间，他寄赠我的著作和资料，放在我的书柜最显眼的地方，他写给我的近百封信件，成为我永久收藏的珍品。尤其是他给我写的那幅"雷震山川"的横幅，挂在我的写字台上方的白壁上。每当我稍有懈怠或因某种挫折而心灰意冷时，只要我看到鲍老师那遒劲有力的金文横幅，就在不觉间获得了勇气和力量，又继续与命运抗争，向新的艺术峰巅攀登。

如今，我可以告慰鲍老师的是，我没有辜负恩师的教诲，我在学术研究和著述方面取得了可观的成果。特别是我的《台湾与大陆小说比较论》，被学术界称作是“填补了我国比较文学研究空白的著作”，“在学科建设方面独树一帜”，得到了国内和国际学术界的认可，获得了多种奖励。我想，这正是鲍老师对我寄予的厚望，我没有辜负您，您可“以释远怀”了！

《满族文学》1993.3

魂归书笔

——痛悼鲍昌

王 恂

他的魂灵原本从书笔中来，而今又回到书笔中去。

当我从《人民日报》上突然得知鲍昌于2月20日逝世的噩耗，真不能相信自己视觉了。我急忙打电话到鲍昌家里，他的儿子光满悲咽地回答："他……他的身体全面崩溃……一定给你寄讣告来。"次日清晨，我和我的老伴赶到鲍昌家时，慰问他的夫人亚方同志，她用低沉的声音诉说着，是肝癌合并肺部感染夺去了鲍昌的生命。

这个沉痛的消息，给我带来沉重的失落感。我呆坐在编辑部的椅子上，放下改写稿子的笔，又仿佛看到鲍昌的音容笑貌，听到他娓娓道来的诸多往事……

"卢沟桥事变"的炮声给中华民族带来惨重的灾难，北平处在日本军国主义的铁蹄践踏之下。1942年至1943年，鲍昌和我在辅仁大学附属中学是同班同学。对于文学的共同热爱，使我俩结成挚友。学写诗词文章，相互切磋琢磨，在绚丽的文思和浩瀚的书海之中寻觅着自由与真理。我们共同编写了一个文学性的墙报，由鲍昌定名为《南浦周刊》，发表同学们和我们自己的习作。鲍昌曾用笔名："南浦别人""耿阳亭长"……等等，都充满诗情画意。然而，就是这么一株毫无政治倾向的文学幼苗，刚一破土而出，就被校方扼杀了。这个小小的"墙报事件"，使我们这初识人生的学子体味到，当了亡国奴以后是什么自由也得不到的。

作为鲍昌的学友，不久前我曾应邀到他原来的住所和现在的新居畅谈。每当回忆起同窗的往事，他都对我谈起："我清楚地记得，有一天黄昏，我俩坐在后海岸边，谈起解放区的事，憧憬着光明的未来……"每当说到这里，他的眸子里总是闪烁着希望之火。是的，就在这难忘的金色黄昏流逝不久，我俩先后投身革命。我于1943年奔赴晋察冀边区，然后到达延安；鲍昌后来离开国民党接管的北平，只身投奔解放了的张家口。

说到由北平去张家口，鲍昌讲过一段趣事：火车到达南口，旅客要经检查。把守关卡的国民党兵端详着这个毛头、圆脸、学生模样的少年，盘问道："你到哪儿去？"鲍昌心想，若说自己跑买卖，不像；就说由北平学校回张家口探亲。那个国民党兵拍拍鲍昌的头，笑道："我知道你到哪儿去。"说罢，伸出手来，把拇指和食指一分，比画成"八"字（指八路军），然后说出一句出乎鲍昌意料的话："走吧，走吧！"

这个"八"字，成为鲍昌，也成为我人生道路的转折点，由亡国奴转变为革命者。在那人心向往的革命根据地，我们真正寻觅到过去在少年的幻想和文学的天地里所不可能找到的自由与真理。

从此，我们各奔东西，音信杳然，直到解放以后，我才在天津的文学刊物上看到鲍昌的名字；直到他担任中国作家协会书记处常务书记，我才知道他调到北京工作。值得庆幸的是，他在文学事业上取得可观的成就，成为著名的作家、评论家和文学工作的组织者。不堪回首的是，我们在"阶级斗争"的大风大浪中共同遭遇到大灾大难，被"横扫"掉正是大有作为的珍贵年华。往昔，"恰同学少年，风华正茂"；而今，他已辞世，永别了他所钟爱的事业和亲友。多么可贵而又可惜的当代才子，他还不满60岁啊！

去年8月，我作为《人民建材报》的记者，特地到作协书记处访问过他，并约他为本报月末版写篇杂文，没过多久，我收到了他写的《"官商"小考》（见本报1988年8月29日月末版）。这篇杂文，根据丰富、翔实的史料，一针见血地指出："官商现象，其根源在于政治权力与经济实力的邪恶结合。”可谓针砭时弊，入木三分。面对这面历史的镜子，为官者思其何？为商者又思其何？

万万没有想到，这篇杂文竟成为他的遗作；也万万没有想到，我约他写的第二篇文章，却永远也收不到了！

在我办公桌上的玻璃板底下，压着一幅录写某位教授留下的佳句：“书读无厌，念我任重道远；笔耕不倦，任他飞短流长”。这两句话是我喜爱的座右铭，也恰好是对于鲍昌一生的写照。回想起他那满壁的书柜和闪动的笔锋，我仿佛觉得他的魂灵还在每一页书籍、每一张稿纸上流连着，徜徉着，孜孜不倦地从事着无尽的探索与创作……

1989.2.22

又一棵茁壮的树倒下

——悼鲍昌

郑秉谦

一九五七年，一阵怪风席卷文坛，一批少年英俊被埋入沙石尘土。二十多年后，当我们像出土文物般重新露脸并互相见面时，都已是中年以上人了。即使互相过去不太熟的，但重逢时那又欣喜又悲凉的感情，却不是局外人所能体会得到的。从此，这批人成了八十年代文坛的中坚力量。这是一座曾被埋在地下几乎石化但又出土返青的森林。在这批人中，就我比较熟的而言，自强不息当数绍棠，蕴藉淡泊自数文夫，以诗人而兼斗士当推公刘，而既是作家兼理论家、且又是出色的文学活动家的，则非鲍昌莫属。文夫曾半调侃地说过："鲍昌不仅是文学家，还是政治家。"

我同鲍昌重逢，已是一九八五年的事了。那年初夏，我躲在北京西长安街一座兵营里，修改我那部后来由人民文学出版社出版的长篇《海市奇观》。小说改得差不多了，我打电话找鲍昌汇报中国作协浙江分会的工作。他那时已是中国作协的常务书记了。因为是汇报请示，我在电话中难免有客气甚至恭敬之词。不料他嘿嘿大笑："秉谦吗？我马上来看你。"当我下楼时刚关照好门卫，他的轿车也就到了。从车上跳下来的是个英气四射的中年人，尽管已开始谢顶，但我一眼就认出了五十年代那位"风流小生"。当年他的耀眼才华和精彩发言曾"慑"住过我。上楼后，我们没谈公事，而是先谈绍棠、文夫，先谈"神童"一案与"探求者"一案是如何把当年一批青年卷进去的。彼此拊掌大笑。其实当时即使没这两案，我们也会无一幸免，因为斗争的目标和我们的为人是早就定了的。当我精神完全松弛后，才向他提起分会的工作。他也就原则分明、条理清晰地作了答复，没有起承转合，更不含糊调和。第二年夏天，我去北戴河“作家之家”休养，路过北京，曾去看他。他家住在北京市区边沿的十层高楼上，进门一看，走廊上就是一溜书橱，书房里则更上上下下都是书，有文学书也有学术著作。写字台上，则密密麻麻堆放着已打开的各种工具书。这次，他向我谈起了他主编的《文学艺术新术语辞典》，并说他多年前在天津教大学时，就引进了信息论第三论。我这方面的知识很贫乏，只有洗耳恭听的份儿。最后，我完全不是恭维地说：“王蒙提倡作家学者化。在我们这辈人中，你算是化得较好的一个。”他忙说“哪里哪里”。我对他在繁忙的行政工作中犹能创作、研究双丰收，不能不感到心折。

这年盛夏，他突然悄悄来到杭州，说是趁赴沪参加国际汉学会的机会来的。事先中国作协给浙江分会发过电报，告诉了他的到杭日期，但未说车次。这天是个星期日，我们到机关去等他的电话；并请轿车司机也跟着等，以便接站。不料，电话却从我们宿舍楼中打来，说他已经到达我家了。我赶回来，只见他一双旅游鞋已让雨水湿透了。我埋怨他为什么不在车站打电话，他说：“星期日嘛！”并说他把桃园新村与花园新村搞混了，还乘错公共汽车。他这次来杭，面谒了当时浙江省委书记王芳（现任国务委员兼公安部长），反映了浙江作家们的意见与要求。

几个月后，我因出访泰国路过北京，鲍昌邀我到他家去。当我登机出国前夕，他还匆匆赶来送我一点外币，说：“这是我在加拿大的讲课费。你一介书生，除国家给的外，必无其他来源。带去买点什么小东西吧！”我当时见他双目中流荡着诚恳热情的光，竟也收下了。到了国外，我临时得到一小笔预支稿费，够我买点泰国普通工艺品；便将他给我的那点钱，买了一双雕龙刻凤的、十分精美的白牛角，带回国送他。他出于意外，只拍着我的肩，说：“你呀……你呀……”此外再也不说什么了。不料，这也竟是我最后一次见到他了。

今年元旦，我因私事给他去了封信。没有回信。我也不以为怪，他忙嘛。一月下旬我去上海，中国作协上海分会的铁海告诉我，鲍昌患肝癌。我大吃一惊，回杭当天就写信向他问候。二月二十二日，我抱病去（浙江省作家企业家联谊会）上班，突然从电话中得悉，鲍昌在二十日深夜去世了。他与我同岁，应算是英年早逝。我至今仿佛还看见他炯炯的目光！

我挥泪拟了唁电：“道路坎坷，奋斗不辍；良友病逝，临风痛哭！”然后从抽屉中找出他去年九月二十八日给我的最后一封信。这是他访意归来后写的，信中恂恂以浙江作家们为念。他说国务院“职改办”已定出专业作家职称评定办法，并已下文给各省，河北、吉林诸省早已行动，为什么浙江省竟不实行？（我顺便说一句，至今也不实行。）他要我们分会去找找省有关部门，不要把事情耽搁了。由于我之前给他的信谈道，我暂时放下手中的创作，到“作家企业家联谊会”工作，还同别的作家共同创办了“企业文化研究中心”；因此他在信中还说：“你为作家自己谋点福利也好。在外国，作家很难靠稿费生活。我们中国作家似乎也该自己拯救自己了。”

一棵朽木倒下并化为灰尘，是比较自然的事；但一棵茁壮的树突然折断，却更易使人悲从中来。鲍昌是复活的森林里一棵茁壮的树在我眼前摇曳，我不太相信它真的已经不存在了。中国的中年知识分子早逝的不在少数，他们生前都得不到条件来充分注意自己的健康。天下有些事物，往往它在时并不觉其宝贵。但一旦它失去时却追悔也来不及了。健康便是这样。

当然，人更其如此！

1989.2.23

鲍昌，雕塑般存在于我的记忆

佳 峻（蒙古族）

在报上见到鲍昌辞世的消息，反复看了几遍，也不愿承认这是事实；收到鲍昌同志治丧办公室的讣告，终于知道果真再不会见到这位可亲可敬的作家、学者了。

1985 年冬，在一次文学发奖会期间，鲍昌来到我的房间，他见到我的第一句话是：

“你原来在北京工作啊，我还一直以为你也在天津呢。”

难怪鲍昌误会，因为我的一些浅薄的作品，在八十年代初期，常常发表在《天津日报·文艺周刊》《文艺》(双月刊)、《今晚报》《小说月报》,《小说家》和百花文艺出版社也对我格外扶持，显然鲍昌和我的文学生涯有一点相似之处，天津是我俩共同的第二故乡。

由于同是“天津人”，他邀我到他家。我在北京几乎从不到文人家串门，怕招惹是非，但从文字中深知他的忠厚，便欣然前往。

在北京三元立交桥东侧塔楼中鲍昌原居室，我首次拜望他，我看到的是久久伏案专注写作后的冷峻严肃的学者型作家。见面没有寒暄客套，一杯清茶敬上后，彼此便抓住中国传统文化、少数民族文化、西方文化等某一话题，学术讨论般谈开来；他娴静沉稳的夫人亚方则无声地回避不打扰我们。鲍昌知识的渊博、治学的严谨、言辞的分寸，让我由衷钦佩，我把他的谈话当成求学时的认真听课。我俩从不去涉及当时文坛上的热门话题，不去扯文人间的是非。

我数次到鲍昌家都没有电话预约，不礼貌地突然袭击都遇到他在伏案写作。于是作家和学者的鲍昌形象便雕塑般升起在我心中。他一生著述极丰，学术修养深邃，对各种问题的观点不趋炎附势且不媚俗，对文学、史学、哲学、美学、民族学、现代自然学的某些领域涉猎颇深，是几十年如一日正像我亲眼所见的艰苦伏案劳动的成果。每次长谈后走出鲍昌家门，我便感到自己必须更刻苦地学习、更严肃地创作。

在全国第二次青年文学创作会议上，我是特约代表，我以坚持扎根人民生活、严肃创作为主题讲了自己一些想法，这在当时（延伸到现在）是一些青年作者朋友感到厌恶的话题，我发言完毕，鲍昌坚定地支持我，同时和我握手，表示赞同和支持的还有唐达成同志。

在鲍昌辞世后，我收到《作家》今年第二期，在《作家影集》的封二、封三，刊出鲍昌十张照片，居首的是他含笑挥手于1988年去参加一个少数民族文学会议。近些年来，他以中国作家协会常务书记身份对我国少数民族文学创作格外关注，我和各兄弟民族作家都很感动。同期杂志上发表的《1988年鲍昌谈自己》，他回忆了自己的一生，在结尾部分说出了一段针对文坛现状的话，也正是我久久想说的话。噢，难得的知音，正想到他的新居去恳谈，但尊敬的人已作古，我怎么能抑制住自己悲伤的泪？鲍昌辞世的那天，我窗台上的两盆君子兰和兰花正迎春开放，含情的花朵，献给真君子。

在当代作家中，鲍昌雕塑般留存于我们的记忆。

1989.2.27 北京

鲍昌，你竟提前下车了

张志民

鲍昌，我的小老弟
你真的提前下车了
来不及打声招呼
走了！走了！
走得是那么突然

我们是四十年代相识的
沿着同一张行军图
顶着
大清河的飞雪迎着渤海湾的硝烟

我们是八十年代重逢的
用不着介绍
光阴是如何流逝
我已经看懂了
那张多皱的脸
是怎样取代了一位
才华出众的
翩翩少年

真是禀性难移啊！

那么多的“不堪回首”

你竟没有改变

那一身“书生气”

还是那么天真无邪

还竟那么文静腼腆

世俗的泥沙

每个颗粒都带着牙齿

而你——

竟没有被磨圆

真是天不由人啊！

闪光的星星

偶会在顷刻间泯灭

而扰人的鬼火儿

却硬是历代不熄

在山野间游荡

在大地上盘旋

鲍昌，你走得太早了

列车还远没到站

回过头来再看一眼吧！

我知道

你舍不得这些

那峨眉的秀月

那黄山的云海

写字台上未完成的书稿
“新房乡”[①]里的
青瓦、炊烟……

1989.2.27

① 鲍昌生前生活了四年的津郊农村。

他留下的和带走的

——挽鲍昌

韶 华

他去了！他去了！他去了！

他真的去了吗？

鲍昌猝然发病，而且被医生说成是不治之症，我始终不相信，以为是误诊。直到二月二十一日上午，作协讨论如何料理鲍昌的丧事的时候，我还不愿相信，不敢相信；总觉得他还可以回来和我们共同工作。那天回到家里，我思绪纷乱，要写一篇文章悼念他。我们四年朝夕相处，可是，当我铺开稿纸，写下“挽鲍昌”三个字的时候，却无论如何不能平抑自己的感情。我这么一写，鲍昌去世不就成真的了吗？在感情激荡的时候，思路是理不出头绪的，只好把稿纸揉成一团：不，这不是真的！

蛇年凶险。一开春——二月十八、十九、二十日，莫应丰、铁依甫江、鲍昌三位文学明星的生命被接连夺去。二月二十四日，我飞抵乌鲁木齐，出席铁依甫江同志的悼念活动，住在华侨宾馆。此时，与北京相隔数千里，才觉得鲍昌同志去世是真的。细细想来，他现在正躺在医院冰冷的太平间内，我不能分身参加三月二日向鲍昌遗体告别的仪式，不禁潸然泪下；理智暂时把感情驱走，觉得要写点什么。

也不知道怎么回事，我在 1988 年写的四篇小说，都是在死亡问题上做的文章，有三篇用的是第一人称：“我死了！”等等，一直到这些东西发表后，我才突然想：怎么回事？我怎么老是写“死”？

如果我近期死了，那一定是“上帝”给我的预先“感应”。可是，我没有死，倒是我先给鲍昌写起悼文来了。我觉得凄然。鲍昌病得突然，死得突然，大家都没有思想感情上的准备。不只是我，中国作协机关的同志、文学界的朋友都觉得震惊。

生老病死，人之大律，任何人都免不了的。关于死亡，我自以为是想得很透彻了。关键问题是你给社会留下了什么和你留给人们一个什么样的形象。

我和鲍昌相识有十多年了，但真正“识人”，是在中国作协工作这四年。他是一个作家，又是文艺理论家，渊博的教授、学者。要在中国作协常务书记这个岗位上工作，还需要与之相适应的组织才能、工作作风、工作方法、胸怀、气量。这些方面，鲍昌都具备了。在他活着的时候，大家私下议论他“人才难得”。他去世后，大家更感到文学界失去了一个全面的人才。有一位同志概括鲍昌，“我只知道他在研究什么，不知道他不研究什么。”这话很形象。作为一个作家，他留给文学界二百多万字的长篇和中、短篇小说。就学术理论而言，他在中国文学、外国文学、文学史、古汉语、心理学、文字学、哲学、美学、艺术起源、鲁迅研究及某些自然科学领域，造诣都是比较深的。他在二十几岁就当上“右派”，下乡劳动改造，走过大半生的坎坷道路，我不知道他怎么“做”了那么多学问。《文学艺术新术语辞典》，是他主编的。他不只是“主”，还亲自撰写了许多条目并亲自修订了绝大部分条目，只从这一点足以看出他的渊博。他的记忆力是惊人的。有一次我写一篇小说，需要几则逻辑学中的“悖论”故事，临渴掘井，去请教他。他立刻给我讲了几个，而且点明出处。我一查，果然。他的学术理论著作，仅粗略算来，该有一二百万字吧。鲍昌的死，也带走了许多本该留下的作品！长篇历史小说《庚子风云》没有写完，《艺术起源》没有写完，还有许多同我们谈起过的要写的作品也带走了，还有那近百万字的资料和几千张卡片，他都带到“天堂”里去了（我相信鲍昌是应该进“天堂”的，如果真有的话），我们永远也看不到了！

鲍昌去世第二天，我收到了吉林出版的《作家》（1989年第2期），上面有一篇文章《1988年的鲍昌谈自己》。文章写得很凄楚，苦涩。那文中说“往矣往矣，岁月不居……只是我金子般的青春被一只无形的手轻轻地提走了”。他写这篇文章的时候没有想到这只无形的手又伸向了他的生命。文章中写了他的思想和感情世界，他的人生态度、理想、追求。现在读来，好像是他的一篇最终遗言。

鲍昌做事很认真，言必行，行必果。还是在那篇文章中他说：“我承认：我一干起事来就认真，就起劲，就得罪人。”在中国作家协会这样的机关，有人说是一个“衙门”。其实，知情者都了解，这个“衙门”连清水也没的喝。牺牲自己的创作来做这些事情是要有一点党性的。在当前的中国要做些事情——特别是做文学的事情，是很难的。中国有句古话：“一俊遮百丑”。现在反过来了：“一丑遮百俊”。做一百件好事，应当的（当然是应当的！），一件事情失误（也不一定是真的失误），就会有人造舆论“弹劾”你。书记处日常工作的诸多矛盾，难说他处理得都十分得当。作为常务书记，他负责书记处“运转”，而对着许多难题，大家讨论一番，鲍昌归纳：“一……二……三……四……”逻辑清晰，条理明白，方法具体。谁来办，什么时候办成，抓得很紧。有一段时间，我和他一起搞一件涉及中国作协的经济“公案”，要打官司。上百个数字、人名，时间、地点，事件来龙去脉、前因后果，他如数家珍。开始我不知道一个搞形象思维的人对数字何以如此清晰敏锐。有一天晚上，我去他家谈一件事，夜深了，他正在灯下一笔一笔地核对账单、收据……

在书记们的分工中，我抓创作和评论。其实，创作和评论，不像物质生产，无所谓“抓”，不过是开一些学术讨论会，让大家各抒己见而已。这几年我们召开过若干次这类会议：中外文学理论信息交流会，评论期刊会，历史题材小说会，革命历史题材创作讨论会，少数民族文学创作会，通俗文学讨论会……会议的宗旨、开法，党组、书记处讨论后，我都和他再个别商量。每次会议他都有长篇发言，他的发言绝无随意性。总是很认真地阅读大量有关的作品、资料，案头堆积如山，为会议做充分的准备。每次发言，总能纵览横描该项文学的发展态势，既有创作实践状况，又在理论上加以论述。发表后，都有若干个刊物争相发表。我想，把这些发言整理出来，就构成了新时期文学发展形势的缩影。鲍昌常说："在搞研究做学问方面最忌马马虎虎，似是而非，人云亦云，睁一眼闭一眼，没有根据地乱说，一定要严谨……"可是做"人"呢？

鲍昌做"人"也认真，有时认真到天真的程度。这时你会觉得他又有过多书生和学者气了。

其实，我这个人过去也是很认真的，认真得很幼稚，因此，活得不轻松。由于这些年的社风民情的趋使，我不那么"认真"了。而鲍昌办事情常说："按道理应该怎样怎样……"我就说："按道理，按道理，中国早就该实现四个现代化了！……"他还常说："按道理就不该怎样怎样……"我就说："按道理，按道理反'右派'，反'右倾'，'文化大革命'就不该发生！……"他的认真求实，就常和社风民情发生矛盾。该办的事他办不成；难办的事，他又得去争取。他很要强，力图把事情办好，办不好就责备自己。如果他是一个有诗人气质的人，能高声"吟诵"出来，气也消了；他如是一个"策略家"，也能自我溶解。这些他都不会，这时他就完全成了一个普通的知识分子。我为他的过分认真当"促退派"而常心中不安，不过也没有办法。

鲍昌去了。一个人从呱呱坠地，赤条条来到这个世界到离开这个世界仍然赤条条的，什么也带不走。这一点无论帝王将相、英雄豪杰都一律平等，谁也搞不了"特殊化"。问题是，你在这个世界上走了一遭，索取了什么，留下了什么？什么地位呀，荣誉呀，职称呀，巧取豪夺来了，你一"走"，一切就化烟、化灰，散布在宇宙太空中去了。但是你留下了供人们评论的脚印。鲍昌没有向社会索取过什么。他已经有的是按劳动付酬、社会应该付给他的。鲍昌对自己要求很严格，就在重病期间，我们去看望他，他还讲：住院、用药花钱多了；也为自己不能参与五次作家代表会的筹备工作而深表歉疚。此时的我们，只能高喊“天理不公”了。

他在作协任职四年，为文学事业做了很多事情。他的工作不能尽如每个人的心意，那也是没有办法的事。工作多了，供人评论的机会也多，用一面“浮法玻璃”制造的镜子来照鲍昌，就能正确反映出他的面容。如果那玻璃有了纹路，鲍昌的脸上就会有虚幻的模糊。我觉得两只眼，四只眼或八只眼，总不如群众的眼睛看得清楚。这方面我更相信普通人的眼睛。在向鲍昌遗体告别仪式上，作家协会司机班的同志集体拟了一首短诗，写道：“噩耗碎人心 / 哀雨雾朦朦 / 苍天无善意 / 月隐折笔锋（注：那天正月十五元宵节，正值月全食）/ 文坛苦搏击 / 坎坷度一生 / 精神与业绩 / 世人永传颂”。一个人死后，别人说什么不去管他，一群工人能献这么一首诗，他在九泉之下也可自我安慰了。

临了，我还想把自己写给鲍昌同志的一副挽联引在下面：

历半生坎坷，又早殒华才，恨天理不公；
着一身重担，俱言信行果，留道德文章。

1989.2.28 于乌鲁木齐

春雨绵绵

——为鲍昌同志送行

舒　婷

唁电的蛾粉
你名字的白花为之茫
黑色委员会
正用冰镐发掘你的履历
在最后的投光里金色的蜂群
芬芳地
蜇痛人心

你微笑
挥别
退向一本杂志的封二封三
退回一挂静止的“专列”
阳光不忍剥蚀你短暂的青春
暖风还给你三分潇洒
车下送别的人们不在同一角度里
闹哄哄标题
书记正在奔波中
谁也不知道
终点就是下一站

不要说别了说安息说得诚恳说得沉痛
即使用手指
轻轻抚摸你的照片
你的眼睛也不愿合上
巨洪决堤的年代
做一株小草你大难不死
人间再降春霜
已绿阴匝地你却从根折断
你负重千斤
你拷打自己的灵魂
等我们体会到你的疲倦
已经太晚

逼诚实的口撒谎
拗刚直的脊梁为鞍
悬丛丛雷剑于众夫头上
才有你
将自己裸身置于尖喙之下
越是干净坦荡的一生
越经不起内心
那一针致命的毒芒
你只是一个凡人，所以
你不能复活
你不是我们神话与现实里的
火中凤凰

只要这个时代再次发炎
你就是
我们每个人身上疼痛的旧创

1989.3.3 雨中

来去匆匆，人生几何

张 洁

感谢《消费时报》为几位舞文弄墨的朋友，准备了一块散文天地。

这期轮到我。本来计划写的是另外一篇，无奈落下心来，使我久久不能释怀的就是关于鲍昌同志的噩耗。

三月二日上午，我去八宝山参加了他的遗体告别式。

我已从灵床旁边走过，却又回过身来，定睛将他仔细地再次打量。想，这真的是他，而不是另外一个人么？

这几年，这样的仪式渐渐地多了起来。凡是躺上这灵床上的人，一律被折磨得人消骨瘦，一律有了生前绝对不曾有过的极其健康的肤色和松弛的神情……似乎所有的人，一旦离开这个世界，几天之内就能将他们一生所缺少的养分、友爱、快乐、舒心、宁静什么的迅速地填平补齐。

我竟生出一丝艳羡。对一个太累太累的人来说，也许这样更好？

他如所有的、处在这种情况下的人一样，躺在万花丛中。只有脚下亚方和孩子们的献花，是从鲜花店里买来的。

我也曾致电治丧办公室，请求献上一个花圈。

这些花圈已无数次地派过这样的用场，今后还将继续地派着这样的用场，不过变换一下上款和落款，比之日常的一切活动，丧礼一项堪称节俭得凄怆。令人更加难堪的是灵堂外的黑色横匾，因多次张贴过逝者的姓名又从未清洗得干净，而黑黑白白、斑驳得颓唐。鲍昌的名字，就叠印在这斑驳的匾上，让人难以辨认。横匾上方，用黑黄双色布扎的花球，落满了尘埃，疲软地耷拉着，似乎历尽沧桑。这恐怕就无法推诿于节俭，而是对无数逝者的不敬了。人活了一世不易，去后还需遭此菲薄，怎不令追念他们的人万念俱灰。

讣告与生平介绍，按照这等文字的格律，写着何年何日生、何年何日去，以及在历次运动中跑了初一跑不了十五的某顶帽子，或一场亲娘打孩子的误会。

除非是与逝者极为熟悉的亲友，谁也难以用讣告和生平介绍将这个人和那个人区分开来，如同他们生前同样地难以区别一样。

在这样的时刻，我们几乎来不及想到，他们除了千人一面的一面之外，是否还有另外一面？

还有谁知道鲍昌也是可以舞姿翩翩，歌喉动人的呢？

八五年。奥地利。维也纳。

我有幸透过他那苦难深重、面色晦暗的脸，看到了被他埋藏得不但令他人，恐怕令自己也忘记的另一部分。

可是鲍昌，这令你以及令周围都能欢乐起来的元素，为什么只能偶尔地显现？你又为什么把它们埋藏得那么深？这样的释放你一生有过几次？你为什么老像喝了一剂中药那样地苦着脸？不。鲍昌，你那张脸活活就是一服中药。

鲍昌，我为你老是藏着而又不该藏着的那一部分哀哭。

去年年底，我与你一同参加炎黄子孙社举办的座谈会，没想到那竟是最后的诀别。你告诉我你不能留下吃晚饭，因为已答应张锲参加由中华文学基金会经营的“北京肥牛火锅海鲜酒家”的开张喜庆。我立刻从手袋里拿出一个塑料袋给你，说：“你对张锲说，我虽没有资格参加这一喜庆，但求拣些桌上的残羹剩饭心已足矣。”我只是开玩笑而已，并没有指望你这不苟言笑的人，为一个“二百五”传递一句二百五的话。你笑眯眯地应着，一点看不出已有灾星临头。你居然将这二百五的话传了过去。

鲍昌，鲍昌，你要是经常二百五一下，你是不会得这种病的。你活得太累，太严肃，太认真。

也许有人并不同意这样的推断，因为铁依甫江也被癌症夺去了生命。可是，谁能担保老铁那形似洒脱的背后，没有埋藏着和鲍昌同样的压抑呢？

我不信鲍昌生来如此。无论如何不信。念高中一年级的时候，他便投奔解放区，参加了革命。那时的他，一定是面色通红、鼻子尖上冒汗、开朗活泼的热血青年。可是你为什么像很多人那样，从一个热血青年变成了一服中药？难道这就是成熟、老练的表现？

后来听说你病了。又后来听说确诊为癌。我总觉得对你也许有一个万一。即便如此也不会走得这般匆忙。谁知你一旦知道结局，便不再拖泥带水，毅然赶路而去。而我当时也因病只能卧床，终于未能赶到医院与你一别。心里总觉得对不起你这为我们默默劳苦的老哥。虽然我和你算不得知交，但在维也纳之后，便断定你的背后一定藏着一个可亲的你。

急匆匆地，湖南著名作家莫应丰去了，终年五十一岁。随后是维吾尔的著名诗人、五十九岁的铁依甫江。就在铁依甫江逝世的当天，十几个小时以后，五十九岁的鲍昌于二月二十日晚，二十一点三十分辞世，好像他们早就约好，准备一路同行。

轮到我们这一代了。

我以为这是上帝对我们的厚爱。他一定觉得我们太累了，太苦了，应该早些歇息。我冷静地等待着那一天的到来。

万万不希望有讣告、生平介绍以及遗体告别之类。

算做我的遗嘱吧。

1989.3.10

一瓣心香祭恩师

章利国

或许冥冥之中真的有什么不可抗逆的势力存在，竟残忍地突然夺去了正处于事业峰巅的鲍昌先生的生命，亦竟残忍地不让我最后再见恩师一面。

先生给我的最末一封信，是他在入医院检查之前写的。这之后，我因侧面传来的消息互有出入，更为廑注而焦虑不安，等我在拥挤不堪的列车上几乎站了一天多，赶到北京先生的家中时，先生却已于前一天夜间在绝症的剧痛中与世长辞了。据说先生在病榻上还多次与人谈到我，得知自己真实病情之后，很想见我一面，却又担心我会因此而耽误工作、家事。弥留之际还想着他人、关心学生，这就是先生的为人。忆起先生生前的许多往事，我潸然泪下。

作为先生第一次所带的研究生，我从先生那里学到的东西，实在是我一生受用不尽的。先生不仅教给我们丰富的知识学问，而且教我们处世做人。

临近毕业，我已定下要分配回南方了。尽管我内心十分不愿意离开先生，却囿于种种生活难题，不得不别师而去。一天晚上，先生设家宴庆贺我们完成学业，也兼为我送行。席后，先生沉默良久，深沉地对我说："今后在生活中任凭遇到什么情况，都要对生活、对未来充满信心。"

分别之后，虽然难得见面，但是我们通信不断。先生始终关注我的情况。八五年一月十四日的信中，先生再次表达了对我的期望，并且告诫我说："无论条件如何困难，请你不要放弃美学理论的研究。生活上若有困难，可随时向我提出来，不要客气。"先生是真诚的。在我求学期间亲人患病而经济发生困难时，先生闻讯就曾慨然解囊相助，他看出我的不安，恳挚地说："有的业余作者生活有困难，我都给过帮助，何况你是我的学生呢。"先生又是慈爱淳厚的尊长。先生是每信必复的，无论多么忙、无论自己身心多么劳累。今日我重读先生出访回来的来函，先生写道："在堆积如山的信件中，先回复你的信。"充满了对学生的殷殷眷注与拳拳之忱。我又一次感到了心灵的震颤。

回想起来，毕业分手之后我与先生只见过三次面，每次都是那么匆忙。先生的音容笑貌，却仿佛烙在我的脑际。

八六年初秋时节，我去北京参加一个全国性的学术讨论会，住在西山脚下一家宾馆里，远离市区，交通颇为不便。加之会议日程安排又紧，几乎没有多少自由活动时间。直到会议结束，临返回的前一天下午，才有时间进城。于是，分别将近两年，我又见到了先生。先生在书房里与我畅谈了一个多小时。先生仍是那么精神饱满。微微笑着，不时地以手势帮着阐发自己的看法。先生谈美学、文艺理论，谈多学科的交叉、渗透，谈文坛近况，也问及我的生活、工作、学习与家庭。记得更多的是谈到先生正领着我们编撰的《文学艺术新术语辞典》。我参加这项工程，负责美术和建筑部分，是先生决定的。先生曾经许多次在信中谈到此项工作，提出具体要求，希望我们"抓紧，且要尽量做好"。虽然先生已经为超负荷的工作所累，"身不由己，疲顿不堪"，但他仍表示"此书我是认真来搞的，期在必成。故希望你多花些力气，于你我是放心的"。并又布置给我一些有关文艺美学和文艺心理学的条目。这次相见，先生再一次强调了资料的准确性和文字的精练概括。送我下电梯时，还叮嘱我撰写条目定要仔细认真。

在此前后，先生常在来函中督促、勉励我不躁毋怠，勤于精业。针对我毕业工作后遇到种种困难和烦心之事，先生在八六年七月二十五日信中写道："家务及社会杂事干扰，自属意料中事，无论如何，你不要为此烦恼。我年轻时，干扰比你要多，究竟也过来了。有一个窍门，就是'挤'。不管多么繁忙，每天必须完成一定的读写任务，这就需要把时间'挤'出来，要有毅力才行。"确是字字珠玑的肺腑之言。先生还是放心不下，表示一有可能，便要来南方看看我的情况。是年十月下旬，先生因公要来杭州，事前告诉我大约能抽出时间来我这里停留两三个小时，但也许稍有变动，"不管怎么变动，这次一定要在杭州与你见一面。"

当时我自己没有住房，"寄人篱下"，借住在一间房中暂时栖身。先生就到江南小巷这间陋室中，来看望他的学生。

记得先生是亮灯时分到的。天正下着细雨，家家都在晚炊。先生谢绝了别处的宴请，挤出时间赶到我这里。汽车停在小巷口，先生在省作协一位同志陪同下，挤上窄窄的楼梯，敲响了我的房门。当那位同志确证先生正是要来这里，便将我拉到一旁，问道："这是北京来的干部，你能照顾好他吗？"先生许是猜到了，笑着走过来："你请先回吧，不用担心，这是我的学生。"在这间来个客人就转不开身的房间里，先生坐在一张旧藤椅里，环视四周，若有所思。看到书架、桌上堆着、折叠、摊开的书、资料和草稿，读到学生发表的论文、译作，先生脸上又露出欣慰的微笑。先生谈了自己治学的体会。一杯清茶，几碗家常菜，先生就在我这里吃了一顿十分简便的晚饭，迄今令我惭愧、抱憾。然而先生却显得很高兴，为学生家人的健康和睦，为学生的没有懈怠，为这次难得的重逢。那天先生谈得很多，爽朗的笑语充满了小屋。"倘若说生活中总会有挫折磨难的话，那么它正是对真正想有所作为的人的锤炼，这不也是一种独特的赠予么？"先生就像一团火，跟他在一起，心里总感到充实，感到热乎乎的。

我尊重先生的意思，送先生去公共汽车站。浓重的夜色已经罩严了一切，廉纤小雨使小巷变得朦胧、幽寂而深邃。巷中只有我们两人的脚步声。先生紧了紧风衣，挤上了汽车，还回过身来，向我摆摆手。

匆匆地相见，又匆匆地作别。最后一次与先生相逢，显得尤为急促。

那是前年初冬，我正在天津参加一个艺术研讨会。会议期间，大会组织者安排了一次赴京观看演出的机会。演出开始前，我们乘包车赶到了工人体育馆。我渴念见先生一面，便急急忙忙去给先生挂电话。好不容易挂通了，电话中传来先生略显急切而带惊奇的声音，让我即刻就去，还告诉我如何换乘汽车。那也是一个雨丝风片的夜晚。路远，又不熟悉，途中雨又大了些，我连走带跑地赶路，慌忙中乘错了车，等赶到先生家，留下可供叙谈的时间已经不多了。

先生早已等着了。见到我，一再问我晚饭吃了没有，吃饱没有。先生又询问我的近况，有什么困难、有什么想法等等。先生静静地听我谈，时而说几句自己的看法，鼓励我不要为困难所屈服，在学术研究上要有锲而不舍的精神，并且又一次对我说，生活上有什么困难给他去信。是的，先生体谅学生的心情，常常使人感慨万千。记得先生组织人编写中国古典文学精华选注，亦曾写信让我参加。而我因种种原因实难应承，又怕因此耽误编写进程，于是忐忑不安地给先生写了封信。先生很快就回了信，同意了我的请求，信中说："看了你措辞恳切的信，我很感动。为人重一'真'字，你能把真实心境向我托出，我觉得是很好的。既然你有实际困难，此事我就另找别人了，你不必有思想负担。"阅之，让人百感交集，寸心铭佩。那晚，我在先生那里只待了半个多小时。看出先生还有不少话要对我说，可是为了赶上连夜返回天津的包车，我只好起身告辞了。先生边走边谈将我送到房门口，送到电梯间，怕我像来时那样耽误时间，又送我到楼下，指给我看车站站牌，这才用他温暖厚实的大手紧紧握着我的手话别。我回过身去，只见白炽的街灯光透过夜幕射下来，映出先生头上的银丝，以及宽展的额头。缠绵飘忽的雨雾裹住了先生的身影，似乎把我的心也融了进去。万万没有想到，这一暂别竟成永诀。刚刚听先生患病住院，我还曾希望先生出院后有可能来南方住上一段时间，或许有利于他的休养，如今我们的生活条件也有改善，亦可弥补上次怠慢先生的缺憾。可是这一切都已成为不可能了。

先生走了。泪眼望着先生的遗像，我心如刀绞，思海翻腾，我曾为先生刻作了一幅黑白木刻像，赠给先生做纪念，先生很高兴，在我自己留存的一幅上题曰："予以为颇能传神阿堵，甚悦之。"而且签了名、盖了章。我一直珍藏着。此刻，先生的木刻像正摆在我的案头。先生高扬着头，宽阔的前额，微张的鼻翼，棱角分明的嘴唇，深邃含笑的双眸，凝视前方，显得是那么坚定自若，质直开展，神采飞扬。

先生这样的人是不会死的，我相信。

1989.3 于江南春雨中

痛失鲍昌

陈 辽

当南京大学叶子铭教授从电话中告诉我鲍昌同志逝世的噩耗后，我立即惊愕、悲痛地叫了起来：“啊？！”

还在去年12月，我收到他的信，信中并未提到他生病的事；前几天在《光明日报》上读到他的文章；《人民文学》今年第二期刊出他的新作，我正等着刊物来后立即阅读；鲍昌同志怎么会突然逝世了呢？但是，死神毕竟夺去了他的生命，他已经永远地离开我们。

著名作家、评论家鲍昌文学禀赋、造诣之高，用力写作之勤，在当代作家、评论家中是罕见的。他的长篇小说有《青青的草原》《庚子风云》《盲流》；他的中篇小说有《神秘果》《祝福你，费尔马》等；他的短篇小说有短篇集《复工》和荣获全国优秀小说奖的《芨芨草》等；他的诗集有《草原诗抄》和《海河诗抄》；他的剧作有独幕剧集《为了祖国》；他的古典文学研究有《风诗名篇新解》；他的现代文学研究有《鲁迅年谱》（与邱文治合作）；他的当代文学评论有《小兵集》和一百多篇评论文章；他的文艺理论著作有《艺术的起源》；他还主编了《文学艺术新术语辞典》……可以说，在文学创作和文学评论的各个领域内，鲍昌同志都取得了显著的、突出的成就。他像一颗明亮的星在我国文坛上空闪耀！

鲍昌同志坦率、真诚、热情、爽快，始终怀有一颗赤子之心。早在50年代，我就已经知道了他的名字。1957年，他遭劫被错划为“右派”，直到1979年改正，他被迫沉默了22年。

1981年6月，我在天津为《叶圣陶评传》定稿，抽空看望了他。这时，他已担任天津师范学院中文系主任，家中有了一个小小的书房兼会客室。虽然我和他还是第一次会面，他却一见如故地谈了他的生活经历和当时他正从事的写作和研究工作。从谈话中得知，他年仅16岁，即于1946年1月奔赴解放区参加革命。1947年，他成了中国共产党党员，1949年1月他随解放军进入天津，从事文艺工作，并开始发表作品。1957年，他被下放到天津郊区农村和农场劳动；“文革”期间，在天津地毯厂当工人5年。但他在逆境下仍然忠诚于文学事业，了解和收集有关义和团的资料，采访参加过义和团的老人，积累素材，后来利用业余时间写出了《庚子风云》一、二卷。他的充沛毅力和乐观精神，深深地感染了我，使我对他怀有由衷的敬意。此后，我俩结下了真挚的友谊。他来南京到我家做客；我去天津、北京出差、开会，也曾多次看望他，交换对当前文艺问题的意见。他总是明白晓畅地谈出他对文艺问题的清醒而又独特的看法，每次交谈后都使我油然而生出“听君一席话，胜读十年书”的感觉。

鲍昌同志对于江苏的文学创作和文学评论情况十分熟悉。他谈起陆文夫、高晓声、艾煊、石言、张弦等著名作家的作品来如数家珍；即使是对于新时期涌现出来的赵本夫、周梅森、黄蓓佳、储福金、叶兆言、苏童等青年作家的创作特色也很了解。他对江苏的文学创作和文学评论怀有亲切的感情并寄予美好的期望。

鲍昌同志只享年59岁。他的一生是用自己的生命燃烧的一生。特别是在1985年担任中国作家协会书记处常务书记后，他更是废寝忘食地工作和写作。每天的工作时间都在14小时左右。午饭、晚饭后，他只在躺椅或沙发上稍微休息一会儿就又起来工作或奋笔为文。他的过早逝世，是因为他太劳累、太辛苦了。他心里想着的是如何使我们的文学事业更好地繁荣，却极少想到怎样保重自己的身体。他的逝世，确实是我国文学界的一大损失！

鲍昌同志虽然离开了我们，但是，他的道德、文章将长留人间，他的许多作品，将成为当代文学史上的珍品，值得我们和后代认真地好好学习。遥望北天，潸然泪下，让我在这里给鲍昌同志的英灵献上心香一瓣！

痛悼鲍昌

顾　方

当我今年第二次踏进鲍昌家门时，距第一次不过十几天。但我看到的已是迎面高摆的他的遗像了。尽管我在奔驰的火车中一再告诫自己：要克制，不能使他的妻子更加伤心，她已经够难过的了。可是，当我面对遗像深深鞠躬时，到底还是泣不成声了："鲍昌……"

他的妻子走过来，默默地扶我坐下。好一阵，我俩都没说话。她竟没流泪，我有点后悔刚才自己的感情失控。我什么都不敢问，虽然想知道这几天的经过。

"那天是……正月……十五，下……午，他不好受……晚上突然……吐……血……什么话也没……留下。"她好像对自己喃喃着。这时，她哭了。

"亚方，咬咬牙！再挺过这最后一道难关！"我在她耳边轻轻地说。一字一顿。

两双泪眼相对，互道心声。

我抬起头注视着鲍昌的遗像。那张生动的面庞被定格在粗粗的黑镜框中，边垂黑纱。

一段黑绸布，四根黑木条，怎么这样一组合就具备了宣告一个活生生的人猝然消失的威力。

这难道是真的吗？仅仅十几天前，在医院中和鲍昌的会面不是就在眼前吗！

那天是正月初四，我怀着不安的心情来到北京的一家医院。走进鲍昌的病房时，他不在。他的妻姐告诉我，他在旁边的空房间里练气功——“吸吸呼”，一种简单的散步式活动。我知道他还在自由走动，心中一阵高兴。

身着白底蓝条病号服的鲍昌进来了，清瘦的面容上露着微笑，我迎上前去：“鲍昌，我来看你。”紧紧握住他的手。谁知放开手后，他竟和我紧紧拥抱。他此时的复杂感情，我完全理解。我热泪顿涌，轻轻拍着他的背说：“老朋友，祝你早日康复！”

他太激动了。冷静一会儿以后，他坐到床上，低声说：“想不到我也得了这种病。”

对我，他说出这个“也”字，我们都知道意味着什么。我避免提起那个可能使他产生联想的话题。可是他却说了。

“老刘（指我的先夫刘立基）那时候若有现在的医疗水平，也不会去得那么快了。”看得出他为自己的医疗条件感到慰藉。对自己的病情好转充满希望。

“是啊，胃癌确诊后，他只活了半年。”我神情黯然，但急忙转变语气说：“鲍昌，你现在有这么好的条件，可要配合治疗。要有信心，要挺得住，这道沟还是能翻过去的，因为你坚强。”

“当然。”他的笑容更开朗一些，“这次病好以后，哪怕只给我五六年时间呢！我还有很多事要做，很多书要写。”

是啊，仅仅要五六年，这对一个求生者不算过奢吧！然而，我的心在紧缩。望着他那没有血色的黄白面色，望着他眼睛周围深深的黑晕。再看看他那经过化疗后变得稀疏的头发，我面前倏忽出现了一条条摇摇晃晃的身影，一个个虚弱卧床的癌症患者，过去在肿瘤医院里，我看得实在太多了，都是这种面容啊！

五六年？肝癌晚期！唉，但愿出现奇迹。

我说：“现在你能做气功，很不错呀，再多吃些东西，增强体力，会好起来的。”

在床上歇了一会儿，他要下地走动。来回走了几步，然后坐到沙发上，指着旁边桌上摆满的瓶瓶罐罐，微微摇头说："你瞧瞧，这些大瓶小瓶的，都要倒进我的胃里去。胃里都是液体了，咣咣当当的，哪还吃得下东西？再说，也不想吃。"厌食！我心里又一惊。

说着，他眉头微皱，叫人扶到床上斜倚着，用手抚摸右上腹说："又疼了。从肝区疼到肩上了，是放射性的疼。"这时，他的痛苦神情突然没有了，显得很是自信地说："我知道，这是肿瘤在缩小，这是缩小时的疼痛。"

仍然是强烈的生之希望！太令人心酸了，我急忙扭过头去，不能让他看到我充满泪水的眼睛。

不能让他再劳累了。告别时，我说："鲍昌，安心休养，等过些日子我再来看你时，你可要更精精神神地迎接我呀！"

"没有问题。"他紧紧地握住我的手说："放心吧，我一定使劲好。"

使劲好！一听这三个字，我想哭。怎么回事？怎么这么相像！老刘在被病魔折磨得痛苦万分时，也曾对我说过："不要难过，我要使劲好！"

我神情恍惚地离开病房，我为这很多的相似感到可怕。

我们两个家庭的友谊是在动乱年代中凝成的。两根顶梁柱——两个在事业上倾注全部心血而又极有建树的中年知识分子，背负同样沉重的十字架。但他们的脊梁没有被压弯，他们是坚定的，坚信有一天会重新恢复做人的尊严。每当节日，我们两个家庭全体成员相聚时，鲍昌那睿智而幽默的谈吐，老刘那热烈而爽朗的笑声，能使大家冲淡心头的阴云，沉浸在友谊的温馨中。

有一次，鲍昌竟摇头晃脑地唱起四川小调《秀才过沟》，极逗人的。我惊呼："鲍昌还有这两下子，这么多词都能背得这么熟！"他的儿子在一旁说："我爸从好几天前就准备了。"亚方也补充："很认真啰！"鲍昌急忙接话："你们不要揭底好不好！"于是引起一阵开心的欢笑。老刘则以绘声绘色地讲故事见长，几个小字辈老缠着他讲。

我和老刘还教会鲍昌一家人玩扑克牌“卡纳斯达”（音译。大家叫它“五千分”），鲍昌有着浓厚的兴趣。每当聚在一起，他总是第一个张罗：“怎么样，哪几位先上？摆桌吧！”玩起来，他也是蛮认真的，每当他和对家的分数积累较高时，总是露出满意之色。少不得受到大家的一番揶揄。

这是我们两个家庭的共同欢乐。也只有在这个时候，我们才感到舒畅、轻松。所以，尽管那时候两个家庭的经济都不算宽裕，但相聚时的餐桌上，四川的麻辣风味，天津的三鲜水饺，等等，总是酒菜丰盛的，我们都愿尽最大努力，换得精神上的满足。人生苦酒的涩味被暂时稀释着……

老刘病倒了。胃癌晚期。在为我们奔走寻医找药的至爱亲朋中，鲍昌夫妇更是关心备至，联系钡餐造影、照胃镜，不遗余力。到家中、医院一次次探视，用友谊为老友注入战胜病魔的勇气。

当医院经过努力而不得不宣布放弃治疗时，是鲍昌陪着几乎晕眩的我去接受这份判决的。

最后，鲍昌夫妇一直送老刘的遗体到墓地……

十年生死两茫茫。

我万难想到啊，十二年后的今天，我又在送患病不到两个月的鲍昌，送他到了人生的最后一站。

他们同命，都蒙受过不白之冤，时间长达二十二载！

他们同病都倒在癌症的魔掌中，竟没能活到一个甲子！

不同的是，鲍昌在得到改正后还以自己的赤诚和心血留下了一串长长的坚实脚印。而老刘，则是在云开日朗的前夕，默默而屈辱地离去。

痛悼英灵，我在想：时间是组成生命的要素，但不是衡量人的一生是否幸福的唯一尺度。追求人生内在价值的人，在有限的生命过程中往往会获得超出几倍的内容。他真正地活过！

哀乐低回。肃立在亡人亲属行列中的我，看着那前来告别遗体的长长队列：一些人白发苍苍，或拄杖缓步，或由人搀扶；一张张淌着泪水的悲戚面容；一双双久久注视遗容不能移开的目光。我知道，他们的惋惜、悲伤，除了对鲍昌本人的哀悼之外，亦是对知识和人才的敬佩和景仰，已经超出了个人的意义。

再看看安息于鲜花丛中，在绣有“鞠躬尽瘁”金字白绸覆盖下的鲍昌，安详，舒展。

我不禁默念：君虽早逝，却获永生。

我心目中的鲍昌同志

张小强

和鲍昌同志接触是从我调入作协小车班开始的，时间仅三年，交往并不多，但他严谨的、勤奋的工作作风，平易近人的态度，给我留下了深刻的印象。

汽车司机是一项服务性工作，由于作协的同志常因偶尔有事不能按时上车，我们等人是常事。第一次到鲍昌同志家接他去开会是我刚调入作协没几天，我提前几分钟将车开到他家门口，时间一到，鲍昌同志就准时下楼来了，而且几年来一直如此，偶尔碰巧他在接电话或者有什么要事不能按时下楼，准会叫他爱人在楼口等候，或自己下来时做解释。他这种严格遵守时间的作风很让人钦佩。

鲍昌同志工作繁忙，常出差，但他总不忘记给我们带几样小礼物，虽然不贵重，可说明他惦记着我们，我很珍惜他留给我的几样小东西。1988 年夏天，我请他给我写一幅字，他用金文写好给我，并附短信："小强同志：你要我写的字，现给你，我不是书法家，见笑了。"睹物思人，以往和鲍昌同志在一起的情景历历在目；鲍昌同志在早上去办公室时和蔼地向我们点头招呼，大家亲热地称他"鲍大人"；鲍昌同志刚下飞机，匆忙吃点饭，又驱车赶往机关处理日常事务。多少次他由于工作劳累，在车上睡着了，我尽力将车速放慢、开稳，以免惊醒他，今后是没有这个机会了。

鲍昌同志曾送给我父亲一瓶"孔府家酒"，我父亲闻知鲍昌同志因病住院，在春节时，让我把他培育的一盆盛开的水仙送到鲍昌的病房中，希望他能在春天到来时恢复健康，但是，这美好的愿望落空了。

鲍昌同志虽然离我们而去，但我深深地怀念他。

鲍昌在白云鄂博

胡维兴

1989年2月20日，著名作家、评论家，中国作协书记处常务书记鲍昌同志猝然与世长辞。在他逝世后，有关报刊发表了一些纪念文章，有的文章中提到他在50年代早期曾创作过一部长篇小说《青春的草原》，但由于该书并未出版，其内容与创作背景，就恐怕鲜为人知了。

《青春的草原》可能是我国第一部以地质为题材的长篇小说，它是鲍昌于1954—1955年间在内蒙古白云鄂博草原上创作出来的。其间，他从天津来到正在那里勘探铁矿的地质部241队体验生活，我与他在那里相识，并有幸成为他的这部小说的最早和少数“读者”之一。

鲍昌在白云鄂博的第一阶段，是在241队队部驻地。他广泛接触群众，了解全面情况，深入测绘队、物探队、汽车队和修配车间，并参加了部分劳动。为了便于工作，大队任命他为办公室副主任，原本只是一个名义，可他做起来却非常认真。当时的办公室主任、离休干部胡梦华最近回忆说：

“鲍昌平易近人，善于联系群众，又不怕吃苦，到办公室后，不论起草、处理文件，调查了解情况，协调科室工作，他都要亲自去做一做，哪里也想亲自去看一看。他来后不久，当地蒙古族牧民要开一个纪念会，队党委书记要出席讲话，讲话稿是他起草的。因为讲话内容总要涉及民族关系和蒙族风俗习惯方面的问题，我便介绍他到担任警卫任务的骑兵连（全为蒙古族）那里，向指导员了解一些情况。后来他又要指导员带他到一家蒙古包去采访牧民。去前我告诉他：蒙民是很热情的，首先会请你喝奶茶，不管你习惯不习惯，你必须喝，不然就是不礼貌。他回来后，我问他喝了没有？他说喝了，并说，到那里就要和那里的人一样生活，才能了解到实际情况。

“大队每晚都派干部值班。他问我如何值法？我说主要是守着值班电话机，哪里发生什么问题，该哪个人处理的，就去找那个人及时处理解决。他说让他值一夜行不行？我说行，就给他安排了一个晚上。偏巧那夜山上一台钻机出了卡钻事故，他接了电话就去通知探矿科的主管工程师连夜赶到山上，第二天上午就把事故排除了。”

鲍昌在白云鄂博体验生活的第二阶段主要是深入矿区，到地质勘探第一线。白云鄂博铁矿有三个大的矿区，即主矿、东矿和西矿。鲍昌选择了在东矿与钻探工人实行三同（同吃、同住、同劳动），在西矿则主要是采访地质技术人员。

鲍昌两次到东矿，都是在杨进祥的钻机上。杨在旧社会是三轮车工人，解放后参加地质工作，迅速成长为一个优秀的钻机机长。鲍昌到他们钻机后，他们很快就成了要好的朋友。“鲍昌是自带工作服以一个普通钻工的身份到我们钻机的。”早已退休的杨进祥深情回忆着：“当时钻机上有三个钻工班和一个后勤班，他是轮流跟班劳动。他一到钻机上就学着扶给进把，或拿起几十斤重的管钳子和工人一起拧钻杆。这对于一个初上钻机的书生来说，可不是一件容易事。他没有官气，没有架子，也没有知识分子的那种矜持，很快就和工人们打成一片。他随时在进行采访，但形式上却一无提纲，二不定调，主要是通过自己的细心观察和拉家常。我们本不居一室，但每当深夜，我屋中的电话铃一响，他准立刻起床，不请自来，随我一同去钻机现场。我这个人性情比较急躁，在日常生活中免不了发脾气，但如果钻机上出了事故，在现场我却十分冷静，绝不当场批评事故责任者。他事后曾就此事问我，我说怕祸不单行，他表示赞同。

“我当时不是党员，钻机上也还没有党的基层组织，鲍昌还协助我做了大量思想工作。那时我的钻机正在打一口全矿区难度最大的深孔，却能够胜利完工，而且钻机一直保持先进，是与他的影响和帮助分不开的。”杨进祥对鲍昌一直怀有深深的敬意。57 年反右后，他曾来天津看过他，听到他逝世的噩耗后，悲痛不已。他说：“当年鲍昌在我们钻机时，大家看他如兄似友，凡是和他接触过的人，都对他有很好的印象。”

鲍昌到西矿时，我是那里的技术负责人，他后来兼了党支部副书记，我们在一起过组织生活。

鲍昌体验生活和采访，因地因人而异。在东矿主要是钻机机场，对象是工人，他是以三同为主、小型座谈为辅；而在西矿接触的是野外调查和室内研究，对象是知识分子，他则以个别交谈和小型座谈为主，随同野外调查为辅。这时的鲍昌，对地质工作一般情况已有所了解，在山上可以顶上一个地质工。他又不摆架子，叫他干什么就干什么，随地质人员上山时，大家已不视为一种“负担”，反而当成了得力助手和知心朋友，在不知不觉中为他提供了创作的素材。

我俩交谈时，他特别关心西矿隐伏矿床发现的经过。1950 年春，当 241 队初进白云鄂博的时候，在西矿所看到的只是孤零零的几处铁矿露头，如果只是这样，那将是毫无价值的。地质人员怀着对祖国的热爱和光荣的使命感，开展了详细的地质、地球物理调查工作，勾画出了一个十分令人鼓舞的前景：在大片覆盖土层下，可能是一个绵延 10 余公里的大型矿床。为了证实这个判断，首先必须冒一定风险打一些带侦察性质的普查孔。由于当时钻探技术条件的限制，钻探工人最不乐意打的就是深孔、斜孔和普查孔，而我们设计的这些钻孔却三者兼备，因此在设计和施工过程中，在心理上承受着很大的压力，在挫折和失败面前也曾有过犹豫和畏缩。但在领导的支持下，坚持打下去，终于证实了原先判断，白云鄂博铁矿勘探又获得了一次重大突破。当我向鲍昌介绍这一过程的时候，只是就事论事，平淡无奇，但他却显得很有兴趣，不时提出一些深层次的问题。当时我还不理解他意图何在，待他第二次来到矿区时，我才恍然大悟，原来那时他已形成了小说的基本构思。

这次他带来了一沓稿纸，说是小说初稿已基本完成，暂定名为《青青的草原》，特来征求我的意见。由于时间关系，我无法很快看完，他只好用了几乎半天的时间，给我介绍了小说的梗概，大意是：为了加速内蒙古草原某铁矿的勘探，以满足国家第一个五年计划对矿产资源的需要，中央地质部派了一位老干部和年轻的工程师来到某勘探队，与原在那里的一位老工程师一起，整顿了队伍，加强了管理，建设起了一支思想上、作风上、技术上过硬的队伍，与天（恶劣的自然环境）斗，与地（复杂的地质条件）斗，与敌人（土匪和暗藏的破坏分子）斗，并且克服队伍内部的保守思想，终于胜利完成了任务。小说塑造了一些栩栩如生的人物，也穿插了些爱情故事。作为先进思想与保守思想斗争的典型，书上描述了一个大型隐伏矿床被发现的经过，并创作出了两个互为对立面的人物。我当然明白，这个"典型"的原型来自西矿，但故事中的反面人物在实际生活中根本不存在的。我说他这样写不符合事实。他笑了："这是小说，不是报告文学，更不是历史。"我也提了一些其他意见，可能是很肤浅的，但他仍然很仔细地记了下来。最近我才知道。当年 241 队许多人都曾听过他关于小说梗概的介绍，被征求过意见。鲍昌在创作上是很严肃认真的。

鲍昌带着勘探队员的友谊和期待离开了白云鄂博，但 1957 年的反右运动把作家推向困境，《青青的草原》最终也没能出版。然而，26 年后他的短篇小说《芨芨草》问世了，并荣获了中国作协全国优秀短篇小说奖和地质矿产部首届文学评奖的特别纪念奖。这是通过一个孩子眼光来表现地质勘探队员平凡质朴、无私奉献的小说，我毫不怀疑它来源于作家在白云鄂博的那段生活。鲍昌在他逝世的半年前给我来的一封信中说："在白云鄂博的十个月，是我一生中值得珍视的日子。正是在那里，我结识了不少充满革命精神和开拓性格的工人和知识分子，并感染了五十年代我们国家蓬勃发展的气氛。"作家经历坎坷，中年成名，心中还一直装着那些曾默默奉献而今已被遗忘的小人物。他生前曾说过，他对"地质"二字有不解之缘，并且关心地质文学的发展。在他的告别仪式上，地质文联、地质作协送去的挽联上写着："山魂野魄茇茇草，益友良师拳拳心"。短短的十四个字道出了新、老地质队员的心声。

1993 于天津

爸爸的记忆

鲍露滋

人的记忆不管有多么早、有多么稚嫩，却一定关乎心灵。

我对爸爸鲍昌的记忆，起始于爸爸的一声关爱。

那时的我是怎么了已经不记得，我却记住了在天津大理道那座奇妙洋房斜顶阁楼里灯光晃动的暗夜中，爸爸对妈妈说过的一句话——“你就让她咳吧……”

想来，那时的我一定是咳得天地不宁、永无止境、扰乱视听、碎人心肝的了。

大理道洋房里发生的许多奇妙事，在我的脑海填绘过许多缤纷的画面，譬如柳奶奶在那儿的时节，从王林爷爷家外墙爬满两层楼的紫蓝、粉红的藤萝花间，跟人家报备后摘得了无数朵花串，这些花串其后变成了溢香的甜馅，那是柳奶奶用来包饺子给爱吃甜食的爸爸的。柳奶奶那乳母的爱，从爸爸小时起直跟到了他成年、壮年，换回了爸爸直到人生末梢犹未表达净尽的对她的关爱。这一辈子，爸爸管我亲奶奶叫娘，管柳奶奶叫妈。亲奶奶领柳奶奶做给我和弟弟的棉鞋，按东北话叫“毛窝”，“毛窝”的赠与不知是不是始于大理道时期，但在我和弟弟后来的生活中，春节时分能有一双抱紧我们脚丫的新毛窝上脚，委实标记着贫瘠年代旷有的“新”和温暖。

大理道洋房在爸爸没有划为右派、我家尚未被清盘请出前，带给我无数美好的心灵瞬间：那有我永远踏勘不完的百草园、葡萄架、海棠和梨树，有龟龟、梅梅和端午都一起挤在里面的大狗窝，而我作为它们的临时“小奴仆”，第四个钻将进去，并遵命捧来从家里书桌底下淘来的生红薯，这东西后来被他们烤得半熟便饕餮一空，牙口虽怪怪的滋味却都还好。

大理道洋房期间留给我的人文印象有两个，一是我进入了麻疹期，被妈妈围护得密不透风给抱到后楼阳台上去放风，在那里恍惚听到大人们讲，如今麻雀们终于是打得差不多再也不见鸟踪；二是有过一个极为激动人心的夜晚，那一晚不但爸爸妈妈此呼彼应相继而出，且是连全城的人似已万人空巷；我在大人们的臂膀间辗转感受到了他们在人潮中的跌宕，那一晚，听说是毛主席来到了天津并且为人们所发现。

多么幸运，麻疹没能在我脸上留下麻子坑；而毛泽东引发的那一晚，爸妈居然也扛住了人海的漩涡，并没让我从怀抱中就这么着出溜下去。后者如果发生，我从此告别娃娃人生，那是秒秒钟都有可能发生的。

但是，爸爸在1957年被打成右派。

大理道洋房里天真烂漫的时光，从那时起大约就迅速地消弭，而我的印象，也就跟着便那么莫名地模糊起来。

却是爸爸的那一句“你就让她咳吧……”深深烙印在我的记忆中。2015年我和弟弟光满两位“50后”，怀着对儿时的憧憬造访大理道老洋房，那里虽已物是人非、伊甸园一去而不返，但当我登上顶层、面对未能开锁而入的那间当年小阁楼时，爸爸的那一句彼时关照却临空降落我心，瞬时溅起我心泪如雨。

十七岁插队前住天津吴家窑的日子，是我尚未离家的少年时光。

家里的生活经由父母的命运、捆绑于全中国的社会变迁，尽是五味杂陈、难以记述，但，总还算是停泊在港湾，因为我们都还在父母身边。一颗少年心和一双孩子的眼，即便半个世纪过去，心里的那日时光，也满满全都是家的温暖。

吴家窑的住所，爸爸后来有记述，说总共26平方米。是两间小屋子组成的一个中单元。但，也许还有进门能挤一辆自行车的小过道、一个四壁贴身带小马桶的WC，还有一个地面之大能挤下一只永远洗不完衣服的木盆的厨房，还有一个重要的小阳台，爸爸没有计入进来吧？这里所有的空间，都那么重要，所有的角落，都塞满家的历史。

依照我留下的记忆，或许可以折射出“编年史”。

吴家窑记忆的起点有点稚嫩。我的记忆那时起开始进入了弟弟。应该是有过不少周末的早晨，我和弟弟自我们的房间醒来，不由分说两人狂奔着蹿去爸妈的房间，又争抢着爬上他们的床，再各自霸占上一位爹或妈；当爹妈蜷起腿保护他们的肚皮不被我们踹到的时候，我跟弟弟就高高地坐上了他们的膝盖。我记得，老是我坐在爸爸身上，弟弟则坐在妈妈身上。

记忆在那之后有过相当的空白。

再衔接上时，可能是爸妈都摆脱了右派劳改、各自被放归家庭后的一段短暂的准“布尔乔亚时光”，大约对应着我的小学低年级。那时，家里来了客人，我会被大人要求，背几首唐诗出来让客人听，然后听到客人的赞许，看到父母欣慰的笑容。记得父母讨论过一个话题，爸爸斟酌着表达他的想法时说：“春娃是女孩子，应该学黑管或是箫。”那黑管和一墙书柜上方张挂着的寂寥俄罗斯风景画一样，是我未可知与不可知的事与物；但此外也有深深吸引我去纳闷的关良人物画，用它们自由的形体、斑斓的色彩以及吊睛的眼神，令我再三地凝望。

至今我都知道，那是一个父母已开始启迪我们智慧的时期，他们本希望已撒在我们感官中的文艺之种，能够就此生发并迅长。

但，一切都不是他们的意愿、人们的意愿，乃至不是全民的意愿所可以主宰的。

渐大中我留下了更深的记忆，关于父母，关于气氛，关于匮乏与贫瘠，关于关爱与痛惜；“文化大革命”的十年来了。

我在天津与父母和弟弟，度过了其中的五年。

妈妈常常不在，她顶着的党员身份和始终不及被打倒的状态，是我们家尚能立命的根基。

爸爸常常在家或是不在，要看他那时是游走在逍遥边界，还是被下放去工厂当了工人。

放学回到吴家窑 9 号楼的院墙外，只要偷望到并无贴给我爸或我家里谁的大字报出现，那一天就算挨了过去。这种命悬一剑的政治压力，谁都同样要承受的。

但只要爸爸在家，家里就是一派“团结、紧张、严肃、静谧”的学术氛围了。

爸爸永远不假时日、伏案耕读或写作；我则渐次长大，慢慢“顶戗”，拖地、洗衣、做饭，在小木桌上搞自己的小美术，到点时去楼道窗口满院招呼弟弟赶快回家吃饭。

我在这屋子里时，心和耳朵时不常是在爸爸那屋里的。

那屋有时会传来歌声。我后来一点不奇怪，看到爸爸坐在桌前他的圈椅里，手持一个开本不大但很厚实的歌本，一篇接一篇、一首连一首地唱下去。爸爸的声音好听、并无特别，但爸爸的音准和内涵演绎那是极好的，我在他的歌声中遵循歌本的编辑听到了这种、那种渐变的曲风：朝鲜的阿里郎、日本的樱花、印尼的星星索、澳大利亚的剪羊毛……以至在爸爸被放逐到地毯厂去当工人、家中寂寞的时候，我也便拿起爸爸的歌本，理所当然地开始识谱并开始学唱，根本无师自通。这几本“文革”之前已经出版、弥足音乐养料之珍贵的《唱片歌曲选》《外国歌曲二百首（及续集）》，在爸爸过世后的九十年代，还是被我不舍其旧地带到了欧洲，陪我压在了那边的“箱底”。

那屋也经常会传来痛苦。爸爸彼时单薄的身躯，常在胃疼抻拉下隐忍曲就，留给人难以卒视的视觉印象。爸爸逐渐发现，胃疼时嚼一些焦粑的馒头皮，可以降低疼痛的级别。我于是变成一位慢火烘烤的热诚专家，每天都能在炉子边上烤出一圈焦黄而不焦煳的馒头片。这简单的食品，在病痛的生理和亲人的心理之间，缓解了某种痛苦。

早时的爸爸在勤耕苦读之余，常常能给家人带来生之欢愉。全家人一起在梨花盛开的春天里，于公园花树下漫步踏青的情景，还都在我清晰的印象中。我人生第一次挨到爸爸的巴掌，大概是因为我被授命带着弟弟在小路上别走散，但不久之后我便听到身后成人们连片的惊呼声，回头再看时，一个湿淋淋的弟弟，被人们从公园的水路边给捞了上来。我自然是挨打了，却依然蒙着。

是爸抑或还是妈，买回来一只红眼小仔兔。它不惧孤独地在我的怀抱中长大成人，享有我入夜床友的崇高地位。妈妈周末来收拾我们房间，免不了会惊呼爸爸快来看，那宝贝在我和弟弟床板铺的角落里、边边上，留下了无数的尿痕以及黑屎蛋。某年八月十五的明月夜，我们四口人围坐在小阳台上的小炕桌旁，我分到一块香糯的五仁月饼吃。跟着爸妈他们，我也把月饼举到自己的嘴边，但其实我的这一牙儿月饼，在虚晃一枪之后，是送到了藏在我脚下的小兔室友那。

爸爸无疑做过一件令我难忘的心灵伟业。那是在某一天我下学回来后，发现家中鞋盒子里到来几只黄澄澄极绒极哆的小鸡雏。如何给它们安家呢？还是爸爸给找来一只纸箱子，我把颤巍巍哆嗦无限的一窝小鸡雏给放了进去。考虑到它们冷，我发明了每晚烧一铝壶水到六七成热，再把那个热壶送入小鸡们的纸箱。铝壶太阳般聚拢着欣慰的小鸡雏，只是早晨的时候，它们又都躲得它很远。十几天后的某晚，关灯前我照样去看最后一眼，却难以置信地发现，凭空少掉了它们中一只。纸箱子无法逾越的高度构成了大问号，无意中提起铝壶后我才发现，原来有只小鸡雏被压在铝壶之下，已成扁平的一片。痛彻的我顿时热泪四溅，伤逝般把这扁平的小家伙捧在两手中间。无论是烫伤或是压力，或许都早已该断绝了它生还的希望。然而奇迹终在我手中发生，随着我痛惜的抚摸，刻把钟后，那小鸡雏竟又重新睁开眼来并喘息，慢慢地鼓胀起来，终于还是活了下来。但从此令我特别爱护的它，最后长成为一只明显狭长而瘦窄的小母鸡。年轻的小鸡们移居到外面阳台一侧后的当年，递次都开始会下蛋。而每当其他母鸡下过蛋后，我总是不忘语作安慰，安抚这只毫无动静的小母鸡。最后有一天，我听到了一个全新而独特的召唤声，赶去看时，见到我那劫后余生的小母鸡，竟诞下了它此生的第一只蛋。那颗染有血丝的蛋形状修长而优美，恰有如它母亲的身体曲线。迄今我都难忘彼时小母鸡跨界传递过来的那种眼神，它激动、诧异并迫切，一挺一挺地向我直点头，唤起我如释重负的巨大欢欣。我当即大叫爸爸快来，父女俩共赏了这造物间的奇迹。

我家“文革”前最恣肆的娱乐，当数周末全家齐集，由妈妈带队，我和弟弟扈从，试图抵挡住爸爸的考问：要一一答出爸爸给来的生僻字或者易错字的读音。弟弟那时大约三年级，我也不过再高上那么两年级；最先不堪一问的必定是弟弟，他很快便被赋名“白（字）小弟”。接着可以再抵挡一两问的会是我，但通常也只在爸爸扑哧一笑后，我便面红耳赤地也被冠上“白大姐”之名。最不想折戟沉沙的当然是妈妈，我和弟弟扳回一局的心情也昭然寄望于她。妈妈被考的升级版难字也许我们连字面都还蒙不出来，但，无一例外，妈妈也照样败阵回营。在妈妈也相继被冠以“白大妈”的雅称之后，我方阵营不禁恼羞成怒、乱作一团，爸爸却唇边傲然一笑，转身又做他的事去了。这还只是爸爸一生充当他人“学问百宝箱”的头一笔淡写轻描。

当我注意到家里“卡片箱”的存在时，它们已是数量膨胀、种类繁衍、多到爸爸已需要把它们从桌旁边、床底下请上桌面和窗台的时候。很快，爸爸自己的卡片抄录量已届破表，不得不拉我也进入到整理、贴签、查找、抄写的队列中来。现在看，唯有六十年代那种毫无其他能量方式可以量化式积累资料的情形下，才能有那么精彩而优质的卡片箱被制造出来。这些卡片“箱子”大体有如常规键盘的尺寸，继续把它想象成还具有一个鞋盒那样的高度，就差不多了。核心结构是，卡片箱的尽头设计了一道硬梗子，从中挺出一根直杆，纵贯盒子的长度。一张张“克重”很好、印有格式、上端带孔洞带标签头的卡片，就都串行在这根直杆上。我想，每积累一张这样的卡片，爸爸可能已经读完一本甚至几本相关的书、已经考虑过他要从中摘取的内容未来将会用于哪些研究或者创作。所以，这些卡片中凝结着他的智力、心力、眼力、思辨力、创作力，难怪，爸爸在提到这些卡片时，神情会千回百转，眼睛在熠熠闪光。

爸爸在成为一个自我观照中的，以及广泛人际关系中的“学问百宝箱”之前，于海量积累卡片、海量进行阅读并消化吸收和博闻强记的过程中，将自己成就为一个深厚的学者，一个可以信手拈来、并且口吐莲花的真正学问家。

“文革”爆发不久，爸爸便开始交代我和弟弟，以及他所能够动员到的亲属和朋友，帮助他来收集“文革”小报。很快，那个累积量便大大超越了卡片箱一族，堆满了床铺底下。

半个多世纪后的今天，若询问那些已经失去主人灵感的当年卡片箱的去向（捎带着还有那些永远无法覆盖“文革”十年的“文革”小报），那真是令人心痛到难以启口。

我想，在如今4D生活、刷脸刷瞳便可取钱理财的电子社会中，怎么也不会再有人去耐烦理解那些卡片箱和那些当年的故纸堆；在如今无数才情喷涌、俐齿伶牙的多维文人之外，倘还能有幸再碰上几位儒雅的学者，那么这样的几位，应该都是些手机盲、电脑傻瓜才对着咧。

爸爸的人间烟火味，是妈妈不得不常年加班的结果版。

虽然爸爸做过的饭我不大记得——（可能爸做饭时我年纪还小），但是，爸爸带我一起推车去粮店里买粮，那是常有的事。买粮归来时车后座上挂满了灰白的、土黄的、色相令人生疑的大小布袋子，那就是全家按配额买回的一段时间内的各色粮食了。除了这些布袋子，爸爸身上靛蓝而残旧的“干部服”和我的简单衣服上，也同样都沾满了粮店里黄白色系的粉和面。

冬天来临，若寒风的威力已不容继续等待哪天妈妈能加盟进来，我们就会由爸爸带领，先来做一年之中最重要的家务：糊窗户条。材料是报纸裁成的条条，黏合剂是面粉打好的糊糊。之前先要将窗户朝内的一侧擦洗干净并关紧拧上，之后有人在下面抹糨糊，有人在上面糊纸条，有人在中间做传递，一道道、一扇扇地将所有窗户缝全都糊满纸条。这样糊好后，倒是暖和了不少，但在春节那几天循例贴窗花时，那些平整的剪纸或窗花只能在支持很短的时间之后，就要被完全密不透风的玻璃窗上的水汽淹得“小河流水红艳艳”了。当然，暖风吹来春到三月的时候，我们还要反方向地进行一次大扫除，将所有年前糊上去的窗户条再都揭下来，不过那总都会是一个畅快的劳动。

爸爸也应该无数次地为这个小家，往四层楼上叫过甚至搬过蜂窝煤吧。

人一生中有多少对亲情的遗憾，就有多少对亲人的无言怀想。

爸爸五十九岁过世，而我对于他的一些遗憾，竟有两个密集发生在我十七岁离家以前。

唐三彩狮子座之憾。

六十年代，自我们开始记事，家里书柜玻璃里那对三彩狮子头座像就存在于那，它们有着镜像的S形体态和大咧其嘴的憨态，却都那么沉默，以至从未引起过我们小孩子的注意；直到“文革”爆起，“砸四旧”的风潮高压袭来，其后的某一日，这两只狮子于是便被捧于我手，即刻就要摔它们于水泥地以令它们寿终正寝了。彼时六年级便被放鸭子的我犹如捧到全社会给来的令牌，无可商量地“就是得摔！”爸爸站在我对面赔着笑措着辞几次想将瓷狮子伸手接过去，深重地承诺“收起它们来，以后绝不会再摆”，以期从我这争取到狮子们的免死牌。我的罪过也许还不在于摔，而在于，我是顽童一样趁着爸爸神情闪烁了的那个一瞬间，一边歪着头盯着爸爸的眼睛一边慢慢放开了自己的手；无辜瓷狮子快进慢放般裂声粉碎的同时，我看到了爸爸深深失落乃至悲凉悲怆的眼神，之后就那样地背过了身。爸爸在失望中转去的背影，后来成为我的永久遗憾直至现在，而我自己盯着爸爸的眼神放手摔落狮子的样子，亦成为我自我拷问是否真的曾经“性本善”的永久证据。

爸爸骑车大摔一跤之憾。

当时的爸爸骑行在我右前方，于路口变成红灯前，向左前方斜拐过去，穿越了十字路口。但在路口的那边，爸爸被一个对面骑来的人撞上了。等灯处我看见，在冲击力的作用下路口那边的爸爸摔下车、落了地并被力道顶着，紧接着又进行了一个“后滚翻”。我所处的路口依然亮着红灯，爸爸重新站起，对撞的双方不免生出分辩，而被撞的爸爸以一介书生终归不敌对方口舌。那时的我虽有红灯阻隔得以苟且，却仍觉得自家人当街翻滚而为众所侧目，实乃令人难耐难堪之事；当红灯变绿后我终于赶到，人流此时复又熙来攘往，不用我再置身于那尴尬境地之中了。父女会合后彼此重又蹬车默默赶路，我竟没有送上一句抚慰的话，也没有去掸扫一下他身上的灰。后来，爸爸翻滚中的那一幕，在他过世后不知几十次地浮现于我脑海，只是，每随着岁月的递增，那一幕的浮现越来越令我痛惜并越来越令人忏悔；如今，再要想赶在他落地前伸出手臂去为他挡上一挡，已是万般也不能够了，这个心愿于我，从此成为永久的遗憾和无奈的奢想。

1970 年我以“小六九”之龄被遣往外地插队，行前家中倾出所有，为我置办了尽可能丰盛的“插队陪嫁”。妈妈亲手絮了床相当厚重的棉褥子，那种母爱的厚实，一直帮我抵抗到北方阴冷秋雨季节中，我和“灶上”其他知青女伴无奈瑟缩于一片冰冷土炕之时。毫无人世经验的我们全员饥馁并凄寒，棉褥子湿溻溻地被压瘪在冷炕上。多亏我在自己的“插队陪嫁”里翻到了一双陌生“袜子”形状的毡鞋，穿上脚后竟然温暖无比，半小时后便令我青紫的嘴唇泛回了生之血色。这双救命的毡袜和套于其外的雨靴一起，奉陪我度过了插队的第一个冷雨之秋，没让我落下肾病，此外还基本完成了出工。现在想来，如果不是父母在五六十年代轮番的政治风波中再三经历过农工或劳改的过程，他们如何会懂得要为即将下乡的女儿准备好一双扛冻的毡袜？

知青们返家过春节的时候，都努力扛回些年代紧缺物资的大包，诸如带壳的核桃、橙黄的小米还有省下口粮跟老乡们换回的生鸡。我叽叽呱呱给父母讲述插队生活的种种场景，包括修渠工地上如何被我狠拼到腰椎间盘突出、就此我被安排进良种站带养两只新疆大盘羊，我的小个子大羊如何帮我破解了大个子小羊从背后对我的偷袭以至我得免于坠落数丈崖头从而大难不死……爸爸眼神炯炯，专注近于饥渴，在我的乡情陈述中“间接采风”，时不时纠正我一些没有把握的生产用词。几十年后的今天，在阅读“鲍昌口述历史”时我才发现，原来，在相当我插队的那个年纪，爸爸在革命经历中已经走过了北方若干山川，不仅到过我所插队的山西，而且，在所有他有经历的地方，处处留下笔记，时时写有诗篇。

儿子田愚降生后，是住在姥姥、姥爷天津复兴门家中满的月。那时期的爸爸，虽已创作丰盈，却依然不假时日，抓紧所有的闲暇，埋头在自己的书桌上。

早前，家里曾到来一只虎纹小黄猫“耶鲁”。每当妈妈和弟弟上班离开，家中就只剩下爸爸和耶鲁。青春爆棚的耶鲁不时欢跳在爸爸堆积成排的线装书上，享受钢爪子的巨大快乐外加肆意腾挪；看着小猫利爪之下那些各有来头的线装书渐次毛边四起，爸爸心疼万般，然虽“口诛”不已，却又似乎并无真意要抓将它来，当然，抓也休想真抓得到它的。拜赐这只小猫寂寞时总去公然坐上爸爸正在读或在写的那面纸页，由此给爸爸带去一点被动的搁笔休息。在田愚以襁褓之姿入住姥爷身边的时光里，我在洗涮之余过来张望孩子时，有时会发现，爸爸静静地躺在乳香四溢的婴儿身旁，好像也已经跟着睡去了一般。这是爸爸所留不多的“在休息”的印象了。

大约 1977 年某一天的夜晚，复兴门家中逼仄的书房里爸妈正在说话。那年头大约已有了带收音功能的简易录音机或者就是老式收音机，总之我是先“看到”，后来才听到，听到机器里传来那支天籁圆舞曲的旋律。爸妈之间突然先默契对视，然后他们不约而同站起身、开始忙乱，推椅子、腾地方，在那个圆舞曲的前奏将将结束、后续旋律正潮水般如浪涌来之时，爸爸和妈妈激动地相拥一起，于斗室中翩然起舞。爸爸的舞姿令人难忘的优雅，滋味浓郁而绵长。此时家里的方寸之地在感觉中却空前展阔，那是我家乃至千家万家五十年代以降所迎来的头一个标志性的心灵休憩。

1978 年 6 月，爸爸在《光明日报》上发表他复出后的第一篇杂文《“杂学” 辨》，之后，以每月不低于一篇乃至几篇或杂文随笔或散文小说或美学论述的发表速度，爸爸开始步入他学海深潜后的产出时节。随着 1979 年 2 月爸爸错划右派问题的获得纠正（连同恢复党籍、恢复原级别），其后几年中他的创作能力和成果，更是五彩缤纷地呈现了出来：出版学术专著《鲁迅年谱》（上、下册，与邱文治合著，共 74 万字，获天津市哲学社会科学优秀成果专著二等奖）；出版长篇历史小说《庚子风云》（第一部，49.3 万字）、完成《庚子风云》（第二部，51 万字）、发表小说《芨芨草》（获 1982 年度全国优秀短篇小说奖、天津市 1982 年度优秀作品奖、1979～1983 年《新港》小说奖），创作之多、种类之繁，不胜枚举。

文学的春天必然只绽放在政治的春天。在忙碌的创作生涯中，爸爸还承担了许多社会工作，那时的他是天津师范学院的中文系主任、美学研究生导师，是天津美学学会会长，后来是天津作家协会副主席。

1984 年底爸爸离开天津前，我回到已搬至文苑楼的家中，进门看到爸爸的那一瞬，一股怆然不禁袭上心头，彼时爸爸已头发花白，面上沟壑岁月深刻，身板依旧单薄。爸爸真的是太累了，也老了。而爸爸当时，只不过才 54 岁。

1984 年 12 月爸爸调入中国作协，任党组成员、书记处常务书记。至 1988 年 12 月被发现肝区阴影、1989 年 1 月确诊为肝癌，2 月 20 日便不治辞世。这短短的四年多时光，是爸爸的人生神一般存在的日子。他青年时期在革命队伍中的历练、他后经二十年之久忍辱负重被政治剥夺的过程、他自幼起贯穿一生到老自我修炼不止所积淀出来的学养，全部焕发为高能和高热、反弹为旺盛的创作力，就此给自己的人生谱下了流光溢彩的最后篇章。在已担负繁重文学组织工作之余，爸爸丝毫不改自律，集腋成裘地坚持每日完成写作量。翻看《鲍昌创作年谱》，会发现，进入1985年以后，爸爸的写作不但未因工作环境的改变及工作量的负担而稍有所减，反而是老骥伏枥知难而上——“天行健，君子以自强不息”——发表量有着逐年的持续递增，每月发表在各类报刊上的杂文、小说、诗歌、论述、演讲以及出版物常常不下五、六、七、八篇、种，在1988年8月份的发表记载中，更是达到惊人的10篇。在这些创作之外，他还主持编著《文学艺术新术语辞典》、应邀为《中国大百科全书·文学卷》撰写条目、主编《1949—1985中国当代文学作品选评》……那是怎样的一个井喷之量，又是怎样一些挥洒自如的覆盖面！

但是，爸爸终归还是透支了自己，英年离去。

如果以生命的长度为X轴，以生命的创造为Y轴，两者相乘，所得的积当为一个人生命力的质量。我们的父亲鲍昌，以他对人生的颖悟，始终不假时日，领跑在时间轴上。在这从不轻松的旅程上，他像一位善财童子，一路抛撒着真知灼见的财宝。而他用来装载这些宝物的百宝箱，竟是浩大、深厚到无际。如今，我们要想步入那片他所涉猎过的领域，都会发现，先要读过两排以上的参考书，才能获得入门的资格。而一旦我们敲得门开，那门里便会电光石火，闪出智慧之光，瞬间，将我们直接挥发。从这些意义上来说，我们的父亲鲍昌，生命力实堪质量巨大。

“吃的是草，挤的是奶”，我永远难忘，在火炉边为爸爸烤出的馒头片。

一生里我对爸爸的最后一个遗憾，是爸爸在临终住院时，几次提到过想吃暄乎而绵软的“千层卷”，然而在八十年代夜晚漆黑一片的北京城里，我竟始终未能踅摸得到；并且在那年头，竟然也没有什么美食讲座，能够让我们在电视里的哪个板块学习得到。

爸爸离开我们已近三十年。然而，无论哪个片刻，我们在回忆中、在书柜里，都能回想得到、意识得到爸爸的存在；爸爸，就像浓缩的影像，瞬间即会闪回并化入我们的生命。这个，难道不正像爸爸墓志铭上所刻：

“春天的绿草必在秋天里枯黄，但是有坟墓的地方也有复活”。

2017.10.23 于北京

鲍昌口述历史

时　间：1983 年 3 月 1 日下午、夜间及 3 月 2 日上午

地　点：天津市河西区宾水道文苑里 2 号楼 205 室

记录者：河北唐山师范学院编审、教授　赵朕

鲍昌摄于 1982 年天津文苑里居所

家世概况

鲍昌摄于 1987 年

我本来的名字就叫鲍昌，解放初发表文章时用过笔名白桦树、李兰陵、谷梁春、纪凤城、鲍得人、艾方、廖堙、司马长缨等。

我原籍辽宁凤城，现为东沟县。[1]这个地方南濒黄海，东临鸭绿江，与朝鲜平安北道龙川郡相望。这个濒海小镇附近有一条受海潮冲刷而形成的大潮沟，最初叫太平沟，后来根据它所处的地理方位更名为大东沟。以后设立安东县时，驻地大东沟，因而 1965 年安东县更名时则以东沟为县名。

我的祖籍是山东胶县的一个农村，尽管这里山川秀丽，气候宜人，四季分明，物产丰富，但对贫苦百姓来说，却是终日不得温饱。我的高祖是个石匠，凭手艺挣钱，仍然不能为全家糊口。大约在咸丰年间，山东胶县、高密一带连年发生灾荒，度日艰难，民不聊生，于是我的高祖一头挑着孩子，一头挑着行李，也就是民间说的“挑着八根绳”，搭船渡海，闯了关东。经过漫长的跋涉，终于在凤城的东沟一带安顿下来。高祖夫妇带着孩子在这里凭力气干活

① 东沟县原为安东县，清代光绪二年（1876）设置，隶属于凤凰直隶厅。民国初年因凤凰直隶厅与湖南凤凰县重名，更名为凤城县。这种隶属关系遂使东沟县民间对外也称凤城人。鲍昌没有在这里生活过，是依从长辈的习惯说法自称是凤城人。安东县 1965 年经国务院批准改为东沟县，1993 年东沟县升格为东港市，由丹东市代管。

儿，凭手艺吃饭，虽然生活拮据、清苦，但终于挣得了一个自己的家。随着孩子们逐渐长大，劳力的增多，生活也日渐安定。到我祖父这一辈，兄弟四人，只有我父亲这么一个男孩。叔伯们将他视为掌上明珠，呵护有加，将他看作是鲍家的血脉传人。而且我父亲鲍咸清从小聪明伶俐，也很受叔伯们的喜欢。父亲的大伯与他的兄弟们商议，大家共同出资供我父亲读书，以便使得鲍家能有人出人头地。在叔伯们的资助下，我父亲读书很用功，考上了师范学校，毕业后还当了教员。在师范学校读书时，我父亲就受到新思潮的影响，"五四"新文化运动爆发后，更激发了父亲对新生事物的追求。他弃教从戎，考上了保定陆军军官学校，与陈诚、白崇禧都是前后期的学友。军校毕业后，他受聘于东北军，在张学良部下担任少校参谋。

1928 年我父亲在沈阳结婚，1930 年 1 月 21 日，我就在沈阳诞生了。我真是生不逢时，第二年就发生了"九一八事变"。当时在天津的张学良奉行"不抵抗政策"，命令东北军撤入关内，我们全家也跟随东北军撤到北平。当时我父亲在北平军分会工作，主要是处理安置东北军的事务。后来，"西安事变"之后，北平军分会撤离时，因我父亲正患伤寒病，病弱的身体无法跟队伍一起撤离，便流落在北平。这么一来，断绝了生活来源，父亲不得不为生计操劳，否则不能养活两个孩子（当时是我和二弟鲍晶）。他在一个日伪机构谋得一份职务，干了两年有工资收入的工作，我家的日子过得虽不宽裕，但也能勉强度日。

1936 年我满六岁时，父母让我上学读书，进了北平师范附小（现为西城区宏庙小学）读一年级。当我开始读"小猫叫，大狗跳，小孩子，哈哈笑"的第二年，也就是 1937 年"卢沟桥事变"时，穿着黄军装的日本军队进了北平。没过多久，我们就在"国语""算术"之外，兼学日语了。那时学校里来了一个日本教官，衣着相貌很像鲁迅笔下的藤野先生，而且有个令人难忘的名字——山下桃园，但他还是不能使我产生好感。在太阳旗随处可见的"沦陷区"，小孩子也滋生了民族耻辱感。

文学启蒙

我的文学启蒙，与我的母亲有关。我母亲是高中毕业生，爱好文学，喜欢读文学书籍。在抗战前她就买过一套良友图书出版公司出版的“良友文学丛书”。其中，我印象深刻的有鲁迅翻译的《竖琴》《一天的工作》，有老舍的《离婚》等文学作品。她还爱看《良友画报》，我还记得有一期《良友画报》刊登了上海市民为鲁迅送葬的照片。当时我问妈妈：“鲁迅是谁？”妈妈告诉我：“他是个很受大家喜欢的文学家。”可见母亲不只是爱读文学作品，还是一位很开明的知识女性。从此，鲁迅的名字便印在了我的脑子里。

或许与家庭的熏陶有关系，我在上小学三四年级时，就开始看大东书局出版的《三国演义》和《水浒传》了。1940年秋天我开始读五年级，我的作文成绩相当好，几乎每次作文的老师讲评都提到我，还经常将我的作文挂在教室的后墙上展览。当年有位叫金凤林的语文老师很欣赏我，给我批改的作文很细致，还有时找我“面批”，指点哪些地方写得好、哪些地方不应该这么写、该如何改进等。金老师将北平市教育局出版的少儿刊物《小朋友》拿给我看，鼓励我给这家刊物投稿。我将一篇题为《秋夜》的作文，投给这家期刊，不久还真的登了出来。这是我公开发表的处女作，给了我很大的鼓舞。还有一位叫端木流的老师也很喜欢我。他让我课余时读《千家诗》《唐诗三百首》《词选》（张惠言编）等诗词作品，并要求我尽量都背下来，背得熟了，慢慢就理解诗词的内容了。由此也奠定了我古典诗词的基础。后来，我学着作旧体诗，弄不清平仄和韵律，便向我们胡同的一位前清的老秀才请教。他非常高兴地教给我什么是韵律，怎么对对子，让我背熟了“天对地，雨对风，大陆对长空”和“一三五不论，二四六分明”之类的作诗要诀。读小学这几年我在金老师、端木老师和前清老秀才的指导下，作文水平和文学知识大有长进。如果没有他们的热心指导与厚爱，或许我可能走上另一条人生道路。这段时间，我似乎精力十分充沛，文学的爱好并没有影响我的其他学科的学习，各科成绩都不错，每个学期都没有离开过前两名。

在我十三四岁时就写出了这样的诗句：

青鹰傲空角，
白虹行日周；
万里挟奇物，
披风列殿游；
呵斥如雷动，
挥刃若光流；
奇计虽不中，
一笑成楚囚。

还在另一首诗中写道：“明纛飞门外，与子共赴仇。磨骨长城窟，漂尸深海沟。从容忘生死，乃在家国忧。……”这些诗句，虽说模仿了阮籍、左思和刘琨的诗作，但的确是以他人的酒杯浇自己的块垒，表达了少年志壮的雄心与抱负的心声。

我父亲这段时间在日伪机构工作得很不遂心，后因顶撞上司而被辞掉。这就使得家境陷入困顿之中。父亲既不想违心地去当亡国奴，但又谋求不到发挥自己专长的工作。当时我家住在西城砖塔胡同里的能仁寺胡同，只好在砖塔胡同口摆小烟摊度日。每天早出晚归，不惧风寒日晒，日复一日地守着小烟摊，挣点钱糊口。

在我小学毕业时，如果报考日本人办的学校，可以免费；可是我父亲不想让我从小就接受日本的奴化教育，鼓励我报考贵族学校，他说："不论学费多高，我去想办法。"我担心父亲的担子太重，就报考了辅仁大学附属中学。这是一所天主教会办的学校，学费不高，而且有奖学金，每周还有五堂英文课，这都是我喜欢的。干脆说，我就是为了这五堂英文课选择了北平辅大附中的。这所学校在李广桥，离家比较远些，我每天上学都是步行，中午不回家。从家里带一块干巴巴的窝头或馒头，再加一点咸菜，作为中午的午饭。有时妈妈给点零钱，在小饭摊买碗豆腐丸子或馄饨，改善一下生活。李广桥离恭王府不远，吃完饭我就到恭王府的假山石上读书。到两点来钟，返回学校继续上课。这所学校有很多公子哥儿，衣冠楚楚，挥金如土。我却是一副寒酸相，但我不在乎，我的目的只有一个，就是读书。这段时间，为我腾出不少的读书时间，学习成绩一直遥遥领先，到初一期末，考了个第三名，以后就免收学费了。不只激励我好好读书，也为家里减轻了负担。

现在回想起来，辅大附中所教的是个文化的大杂烩。日文教员强迫我们唱《君が代》，国文教员则悄悄讲述《正气歌》，英文教员呢，又狂热地提倡去读原文的《撒克逊劫后英雄略》。此外还有神学课，那是要从《创世纪》讲到加尔文和马丁·路德的。我不信神，坚决不上神学课。因此，外号"狼毛"的德国神甫郎雅各，对我这个高材生表示十分惋惜。我想，我永远不能考第一，只能考第二，跟这一点或许是有点关系的。

当年我的求知欲非常强烈，一有闲暇便到西单商场看"蹭儿书"，那时的西单商场是由日用百货、小吃食品、旧货书摊等多种摊商和摊贩构成的。那里有好几家旧书摊，其中一家卖的都是文学书籍，而且外国文学作品很多。我在那里读了很多翻译的外国文学作品，印象最深的有《静静的顿河》《毁灭》《复活》《苔丝姑娘》《吉卜赛的诱惑》等小说。有的书摊对看"蹭儿书"的总是投以白眼，让人觉得很不舒服；而这家老板或许是看我是个十几岁文静的学生，似乎并不讨厌我，有时我到了书摊还跟我打个招呼。这种

“礼遇”，使得我能静下心来看书，这才有机会读了那么多外国的长篇小说和一些鲁迅、郁达夫的作品。那时在砖塔胡同还有个民众教育馆，其实这也是个小型图书馆，中小学生可以进去看书。我在那里也看了很多名作家的作品，其中就有周作人的散文作品，可是当时我并不知道周作人附逆的情况。

进入中学后，我几乎成了书痴，课余时间都用在读书上了。按北平图书馆的规定，中学生可以进阅览室阅读，我便在寒暑假时带着中午吃的干粮，去图书馆看书。中午闭馆时，到景山公园或北海公园休息一会儿，到下午开馆时再去读书。北海北岸的快雪堂是为纪念蔡锷将军成立的“松坡图书馆”。这个图书馆规模不大，但非常清静，我也常去[①]。到了初中三年级那一年，我从文化大杂烩中选出了自己最喜爱的学科：文学。几年间，我把鲁迅、郭沫若、茅盾、巴金、老舍、丁玲、冰心、朱自清，以及托尔斯泰、屠格涅夫、狄更斯、嚣俄（雨果）等中外名家的名著都涉猎了，还读了不少中国古典文学作品。那时我有个幻想：将来当个作家，也写几本让人们爱读的书。我很感谢一位教授儿子的帮助，他把他家的文学名著陆续借给我，上面说的好多名作家的著作都是他借给我的。我平时几乎很少与同学玩耍，顶多是在“黑猫足球队”当个守门员，或在学校的合唱队，演唱几支像《菩提树》《你怎能忘记旧日的朋友》之类的外国歌曲。这就是我当年的业余生活。

平时在家里，晚上的时间都是用来读书，每天都读得很晚，也读得很兴奋，经常失眠。久而久之，失眠症越来越厉害，直到现在。我失眠都是因为躺在床上脑子里翻腾着书里的内容，异常兴奋，难以入睡，因而坏事也变成了好事，促使我在反复思考中逐渐靠近革命，政治上逐渐成熟。

---

① 松坡图书馆是梁启超在蔡锷日本病逝后，上书时任民国大总统黎元洪，倡议创办的。1929 年梁启超逝世后，并入国立北平图书馆，成为北平图书馆的一个分馆。不过人们还是习惯地称之为松坡图书馆。

政治成熟

从初二以后，我在政治上逐渐成熟了。一方面是因为家里生活拮据，父亲维持生活很艰难，滋长了朴素的阶级意识；另一方面是我接触到几个思想进步的同学，从他们的言谈中我听到了一些前所未闻的事。有个叫宋继红的家在农村的同学，他为人正派，思想进步，私下里常同我谈起他回家时见到的八路军怎么受百姓们拥护的事；有个叫耿金城的，老家在河北东光县，虽说他家是地主，可没有一点地主崽子的傲气，言谈中总是说八路军好；还有个赵文普，他父亲是北平某个大学的教授，思想激进，我总能从他嘴里了解到一些当权者的黑暗内幕。再就是有个饶姓同学，是从大后方来的，给我讲了许多国民党官员的腐败与贪污事件。这几位同学给我的影响很大，尤其是联系到我家的生活状况，头脑里逐渐滋长了对现实不满的情绪。这种思想情绪的滋长，使得我对班内几个家在山西或河北的大地主的纨绔子弟，很合不来，不乐意与他们接近，对他们的一举一动也从心眼里看不惯。

在初二下学期，我的读书兴趣逐渐转化为写作，产生了用自己的笔表达自己心声的欲望。当时，我想自己编一期壁报，把自己的思想、观点表达出来。为此，我开始节约家里给的生活费，攒钱买纸、买笔、买糨糊，用了不少的笔名写了不少的文章，有政论，有散文，还有类似《苏武牧羊》、岳飞《满江红》那样的慷慨激昂的诗词。一切都准备停当之后，利用一个星期天我将这期壁报贴在学校的穿堂里。第二天，我刚到学校就被训育主任叫到办公室。他并没有怎么批评我，只是说："你还太小，不懂大人的事，以后不要再干了。”这期表达我的心声的壁报，还没有等到全校师生们看到，就被撕下来了。它的流产我总觉得不心甘，特别是训育主任并没有严厉地批评我，更加助长了伺机东山再起的决心。

进入高中之后，我对社会的不满情绪愈发强烈起来。特别是亲眼看到傅作义的94军进入北平后，军装破乱，军纪松散，强买强卖，正如当年民谣所唱的那样：“盼中央，想中央，中央来了更遭殃。”抗战胜利后，百姓们盼着中央军接收北平，会给市民们带来福音。殊不知，这支一向口碑不错的傅作义的军队，竟然是这个样子，让人们大失所望。在美军进入北平后，他们开着吉普车恣意横行，甚至还带着女学生兜风，我看到这些情形，心头纠结，感到自己的民族受到亵渎。加上当时物资紧张，物价飞涨，货币贬值，父亲摆烟摊挣的那一点钱，根本不能维持全家的生活。这几个因素绞结在一起，使得我的思想变得非常激进。我经常和王勋、赵文普等几个非常要好的同学聚在陶然亭的小树林里，谈论政局，发泄不满情绪。我们还把当时民主党派编辑出版的《民主周刊》《周报》《文萃》《观察》等进步杂志拿来。[①] 大家传换着阅读。这些进步刊物正确地报道战局，宣传人民的胜利，也深入分析政治形势，抨击国民党的腐败，揭露国民党的政治欺骗。从中我们还了解到解放区的情况，很向往“山那边的好地方”。1945年冬天，我们几个同学秘密组织了一个社团，取名“北国青春学会”，还办了一个油印小报《反攻》。我们几个人分头写稿，刻版，由一位姓黄的同学借来他父亲单位的油印机负责印刷。八开版的油印小报《反攻》出版了有

---

① 《民主周刊》，创刊于1944年12月，是中国民主同盟主办的机关刊物，罗隆基主编，是抗战胜利前后最具影响力的民主刊物之一。《周报》是中国民主促进会办的民主刊物，创刊于1945年9月，主编为唐弢、柯灵。《文萃》创刊于1945年10月，是中国共产党在国统区出版的时事政治刊物。由孟秋江、黎澍等主编。《观察》，此处误记，应为1946年9月创刊的《观察》的前身《客观》，创刊于1945年4月，由储安平主编了12期，后由吴世昌主编了5期。在重庆出版，北平有航空版，在当时的知识分子中很有影响。

三四期，这个黄姓同学害怕了。他将我们编印小报的事反映给学校的训育主任。训育主任王胖子把我叫到训育处，要我交出小报。我说早就没有了。他狠狠地将我训斥了一顿，还吓唬我说："你们要再这么搞，后果可就严重了，到时候你们家长都要受牵连！"这是1945年年底的事。

投奔光明

自从挨了王胖子的训斥，我恨透了他，也恨透了这个社会，似乎觉得与这个社会有些格格不入了。恰在此时，一个偶然的机会我得到了一本杂志。这是一本立场观点不十分明确的杂志，从中可以看到反对苏联红色政权的文章，也有揭露国民党官员腐败的内容，还有一则介绍解放区情况的短讯。这条短讯引起我的注意，它似乎让我在“山穷水尽疑无路”时，看到了“柳暗花明”的“又一村”。短讯称：“华北联大已迁至张家口，在校任教的有丁玲、萧军、成仿吾等名作家，据闻京津等地学子纷纷投奔就学。”这则短讯像一盏灯一样点亮了我的心，蓦然间对社会上流行的那支《山那边好地方》的歌曲，有了新的认识：

山那边哟好地方，
一片稻田黄又黄，
大家唱歌来耕地哟，
万担谷子堆满仓。
大鲤鱼呀满池塘，
织青布呀做衣裳，
年年不会闹饥荒。

山那边哟好地方，
穷人富人都一样，
你要吃饭得做工哟，

没人给你做牛羊。
老百姓呀管村庄，
讲民主呀爱地方，
大家快活喜洋洋。

我意识到“山那边的好地方”，不是乌托邦，而是解放区的现实生活。我决心投奔解放区，参加革命。为了结伴而行，我邀请了我们“北国青春学会”的好友王勋、刘建芳，聚在什刹海商议到解放区去的事。当时刘建芳马上答应与我一起走，王勋强调了一些家里的困难，没有答应。我和刘建芳商议分头做些准备，约定在1946年我的生日那天（1月21日）动身。

我回到家就偷偷地准备行装，我和妈妈说，要买什么什么书，需要几块钱，再加上我平时节余的，加在一起，大约有现在的十块钱左右，自己觉得路费没有问题了。选了几件破棉衣、衬衣等衣物，装了满满的一手提包，藏在我的床铺下。还选了几本书，如《古诗源》《唐诗三百首》等装在书包里。临行的头一天晚上，我给父母和我校编壁报的同学写了封信，说要到“山那边”的自由天地去，发信地址写的是护国寺附近的一个胡同名“万花深处”。（解放后，我听我们班的陈森同学说，我写给壁报编辑的那封信，有人用毛笔字誊写出来，张贴在壁报上。）

1月21日早晨，我趁家里人不注意，拎起手提包，背起书包就去找刘建芳。到他家，他还没有起床，一点动身的意思都没有，我心里有些发凉。果不其然，他说他妈妈不让他走，很愧疚地说：我不能跟你走了，请原谅我，说完从兜里掏出20元法币塞给我，并说，这点小意思算是我对你的支持吧！

我将写好的两封信塞进路边的邮筒里，就径直朝西直门火车站走去。买上火车票不长时间就上车了。一车厢的人几乎都是跑单帮的，有男有女，好多都是四五十岁的，带着大包袱小提包的，把北平的洋广杂货带到“山那边”挣个辛苦钱。与我同座的是个四十多岁的妇女，她见我单身伶俐，让我和她一起走，帮她带些东西。

出居庸关时，有国民党大兵的卡子。大兵们上车逐个检查，检查到我时，查看了我的手提包的旧衣服和书包里的旧书，问我：“你到哪里去，去干什么？”我回答说：“回家，我家在张家口。”又问我：“你家在张家口，怎么说话是北平口音？”我回答说：“我在北平念了好几年书，口音还不变？”这时有个军警说：“不用问了，他是到那边去，让他去吧！”就这样，我算是平安地过了国民党大兵的关卡。

出了居庸关就脱离了国民党管辖的区域，算是到了国统区与解放区的“拉锯地区”，即双方都没有军队驻扎，而双方的势力都偶尔深入的地域。从北平开来的火车只到康庄，一路上没有遇到什么检查。在康庄下车后，我们又坐大轱辘牛车来到一个鸡毛小店住了一夜。在这个小店的大炕上住满了跑单帮的人。有个上了岁数的人告诉我在八路军的边区，法币不能花，要换成“边币”。我一时傻了眼，我兜里装的都是法币呀！这个跑单帮的似乎看出了我的为难情绪，他说：“小伙子，不碍事，我可以给你兑换。我们经常跑这条线，法币、‘边币’都有。”于是他将我手里的法币兑换成四千多元“边币”。

第二天一早，我们又赶到康庄车站，坐上闷罐子车，走了有半天多才到了张家口。下车时，天色已晚，日渐西沉，正在迷蒙间不知到何处去时，月台上有个年轻的铁路员工问我：“你是干什么的？”我说：“到华北联大读书的。”听了我的回答，他很热情地接待了我，领着我到小饭店吃了顿面条，然后到附近的小旅馆住下了。他说：“到联大还有几里路，今晚你去不成了，先住下来，明早再去吧。”这个小员工的热情接待让我感受到解放区的温暖与亲切，给我留下了极好的印象，切身感受到“山那边”真是个“好地方”。

联大生涯

1月23日早上，我来到位于东（太平）山坡的联大接待室。接待的人也很热情，嘘寒问暖，让我坐下，还给我倒了杯白开水。我简单扼要地自我介绍之后，提出想进入文学系读书。接待的同志面有难色地说："真不巧，文学系名额已满员了，音乐系还没有招满，我建议你到音乐系去，现在很需要音乐人才，服从革命需要吧！这里也有很多音乐名家。"我想，对音乐，我也有些基础，那就听从组织分派吧。我便表示同意地点了点头。

这位同志将我领到音乐系系主任的办公室，系主任李焕之接待了我。李焕之很热情地欢迎我，向我介绍了联大和音乐系的概况。他说联大是在1945年进入张家口的，校长是成仿吾，副校长是周扬，学校设有法政、文艺、教育三个学院。文艺学院的院长是沙可夫，艾青担任副院长。文艺学院有文学、戏剧、音乐等三个系。文学系主任是陈企霞，教员都是名家，像严辰、肖殷等；戏剧系主任是舒强，教员有凌子风、洪涛、石联星、胡沙等，实力很强大；音乐系也是如此，教员有李元庆、张鲁、马可等，都是很有影响的作曲家。我听了他的介绍，很受鼓舞，暗下决心：一定要好好学习，做一个新型的革命文艺工作者。

就这样，我的革命的大学生生活开始了！刚开始，学习生活很单纯，也很简单，主要课程有政治经济学、社会发展史、整风文献和联共（布）党史简明教程等，最初的专业课是由瞿维教授钢琴。当时，我听过沙可夫、艾青的课，他们都十分推崇鲁迅，给我留下很深的印象。还有何干之讲的鲁迅思想研究选修课，将鲁迅从改良主义转变为资产阶级民主革命的立场的过程讲得十分深刻，使我对鲁迅的敬仰从文学转到他的思想品格方面，成为我心目中立体高大的不朽形象。

大约学习了半年，到1946年7月，所有的学员都下去搞土改。我被分配到山西的天镇县搞土改。这是一个位于大同市东北部的山区，自然条件较差，百姓生活穷困，而且阶级斗争形势十分复杂。我们的土改工作队面临着国民党、土匪的双重势力的挤压，开展工作十分艰难。有一次我们到一个地主家宣讲党的“五四指示”[①]，那个地主气急败坏地掏枪就逼着我们离开。我们的洪队长也掏出枪来，直面相对，那个地主才软了下来。当时的土改是“点火式土改”，结合新解放区的“拉锯”环境，进行村村点火、处处冒烟式的土改。进入村子后，摸清底码，将地主的浮财和土地分给贫雇农。一个村子待几天，速战速决，然后再转移到其他村子。土改工作队依靠的是贫雇农，而这些贫雇农生活条件很差，吃派饭时如能吃到高粱饼子算是好的，一般都吃莜麦面。翻身农民往往都怀着感恩的心情招待我们，也只是给我们做莜麦卷吃。他们做莜麦卷时挽起袖子，在经年不洗的胳膊上将和好的莜麦面搓成细条条下锅。一顿莜麦卷做好了，做饭人的胳膊也干净如洗了。尽管这样，当年对工作队强调访贫问苦，与贫雇农同吃同住同劳动，对于莜麦卷的这种做法，谁也不会提出异议，甚至还觉得贫雇农手上虽然有牛粪，但心灵却是非常干净的，他们是自己的父老，丝毫也没有嫌弃的念头。即使是再艰苦些，也认为这是对自己的锻炼与考验。

1946年9月份，傅作义军队向张家口一带发起进攻，华北联大处于危机之中，校部决定沿着下花园向南撤退。10月10日我们从下花园往南走，在逐鹿过桑干河时，水面很宽，我们也不知道河水

---

① 是1946年5月4日中共中央发布的《关于清算减租及土改问题的指示》，简称“五四指示”。该指示揭开了解放区土地立法的序幕，决定将减租减息政策改为没收地主的土地分配给农民。

深浅，很多女学员不会凫水，被汹涌的河水吓得直哭。当地老乡很热情，将我们领到河水较浅的地方，背着或者用手托着这些女学员过了河。

撤退时，联大从当地老乡那里征集了好多辆大车，载着满满的学校的物资往南运输。这些辎重运输大车，虽说是浩浩荡荡的一支运输大队，但却不能接踵前行，两三辆车间要拉开一定的距离，以防遭到敌人的袭击。我们男学员是负责运输辎重，两个人押着一辆大车。为避开傅作义军队的追击和飞机的低空扫射，我们基本上是夜行晓宿，有时候局势较为平静，便加速前进，白天也急急忙忙地赶路程。走了几天几夜之后，到了蔚县的桃花堡，就进入太行山区了。辎重车爬山很难行走，有一天傍晚，一个赶大车的农民跑了。我们便拿起路上捡的一把日本军刀四处寻找，将他追了回来，连夜赶着大车往山上爬。后来发现有一个押送大车的学员失踪了，夜漆黑，路难行，我们也顾不上去追他，把他看作是一个可耻的逃兵。

我们这几辆大车到山西广灵县西加斗村时已经是深秋了。学院党组织下达指示，让我和几个学员留下来在当地搞土改。我们进驻西加斗村后，发动群众，访贫问苦，组织阶级队伍，还要带领民兵巡夜，保障过路的辎重大车的安全。巡夜时我曾两次遭到黑枪。有一次枪弹从我耳边“嗖”的一声过去，幸好没有伤着我；还有一次离我有五六丈远的地方，朝我头部打来一枪，没打着，只觉得耳边一闪亮，也算是很幸运。

后来，我们奉命撤退，去追赶队伍。这段路程我们要翻越太行山，山路艰险，为避开国民党军队的追击，大部分时间是夜行军。尽管有当地的武工队做掩护，当地群众供应饭食，学员们都很疲惫，行军中只要一站便睡着了。经别人一推才能继续走路。就这样我们跋山涉水跨越了阜平、完县（今顺平县）、唐县和行唐县等地，终于在 1947 年的 3 月，华北联大的一千多名师生来到了深泽县。

不久又全部迁移到束鹿县辛集镇[1]，分别驻扎在大李庄、小李庄等几个村子。我们音乐系住在小李庄。

1947 年上半年，我们联大在束鹿县小李庄住下来之后，生活秩序相对稳定下来。平时的任务就是学习、劳动和搞宣传。一般是上午学习政治理论、时事政策，下午半天搞生产。校方要求自给自足，开荒种地，纺线织布，生产的粮食，除了我们自己食用，还要交公粮。每逢集日或上级下达宣传任务时，都要走村串户去做宣传工作。学员们很快就适应了这种三位一体的生活，而且还觉得干得很有意义，大家都心甘情愿地接受党的考验和实地的锻炼。

1947 年的六、七月间，我们的系主任李焕之叫我到他的办公室，说我自从入学以来，政治思想表现很好，工作积极，立场坚定，群众反映的口碑不错。说罢给了我一本刘少奇的《论共产党员修养》，让我仔细阅读，还要我写一份自传。党组织的重视与鼓励，使我受到很大鼓舞，两天后我将入党申请书和自传交给了李焕之主任。1947 年 8 月 1 日这一天，在小李庄简陋的小天主堂里，我面向党旗宣誓，自此我成为一名为共产主义奋斗的战士了！

入党宣誓之后，我们这批学员就宣告联大毕业了。大部分毕业生参军入伍，奔赴了与国民党斗争的最前线，而我却被留下来做了研究生。当年我努力钻研马列主义理论，政治热情很高，工作很卖力气。在晋察冀边区倡导立功运动中，我们单位有十位同志立了功，我是其中之一，被记功一次。

这段生活经历似乎与我上中学时想当个文学家的夙愿无期相遇，可是我在行军途中领略过的漠北沙幕、太行烽烟、滹沱激浪、平原晓日，却使我读了一部“无形的书”，这不仅锻炼了我的革命意志，也为日后的文学创作，打下了坚实的基础。

---

① 辛集镇原隶属束鹿县，1945 年晋察冀边区第六专署设辛集市，将其从束鹿县划出。1986 年撤束鹿县，与县级辛集市统称副地级辛集市。

平山会议后[1]，中央要求每个干部都要参加土改运动，于是我们联大的师生都下去搞土改。我所在的那个土改工作队的队长是贾克，负责束鹿县的四个村庄的土改工作。我们进驻后首要的工作是访贫问苦，扎根串联，组织阶级队伍。我作为一个刚留校的研究生，心里只有一个信念，那就是走进农村的阶级斗争的暴风雨里，滚一身泥巴，炼一颗红心。与贫雇农同吃同住同劳动，丝毫没有城里人的架子，深得贫雇农的喜欢和领导的重视。

① 平山会议，指 1947 年 7 月 17 日在河北平山县西柏坡召开的全国土地会议。此次会议开了近两个月，经过充分的讨论，于 9 月 13 日闭幕时通过了廖鲁言主持起草的《中国土地法大纲（草案）》。

迎接解放

1947年11月12日，经过中国人民解放军的浴血奋战，石家庄解放了！这标志着晋察冀军区的主力部队开始转入战略的进攻阶段。我们华北联大也面临着新的机遇。1948年3月华北联大转移到正定，在天主堂住了下来。到正定不久，当时的戏剧音乐系主任周巍峙让我到新解放的石家庄的华北戏剧音乐委员会筹备组工作。这个组织相当于华北文联，最初的正副主任是周扬和田汉。到后来正式成立时则由马彦祥担任主任，主持全面工作。我在音乐组，组长是孟波。

当时国民党的飞机多次轰炸石家庄，市内的生活秩序很不稳定，尽管这样，我还是坚持深入工厂体验生活，为工人群众教唱解放区的歌曲。大约在11月初，上级要求我们转移，周巍峙带着王昆和我到山西阳泉县体验生活，我们的任务就是访贫问苦，搜集民歌，以便为进一步发展新的戏剧音乐运动，提供原生态的民歌资料。11月底的一天夜里，我们接到紧急通知，要我们立即回石家庄，准备参加接收天津的工作。回到石家庄后，周巍峙先行被人接走。我稍事准备之后，便与艾文会同志一起到河北霸县的胜芳镇报到。从石家庄到胜芳镇有七八百里路，我们丝毫没有畏难情绪，迈起脚就走，走了大约十几天，到12月中旬就到了目的地。半路上我们还遇到了群众剧社的同志，他们也是到胜芳镇准备接收天津的。我们报到后才发现，这里住满了准备接收天津的同志，周巍峙同志已经到了，我被分配到天津市军事管制委员会文教委员会的文艺处。在一次开会时，周巍峙传达了军管会关于接管工作的意见，文艺处的负责人是陈荒煤和周巍峙，准备接管文化会堂、青年馆、艺术馆、博物馆、演剧队、《礼拜六》画报、两家电影院和一家戏院。在胜芳镇我们主要是集中学习、了解天津市的人文地理情况，要求进城后食、宿、行要听从统一指挥，保持清廉的作风，为进驻天津做些思想准备。

1949 年 1 月 15 日中午，我们接到通知：天津已经解放，并下达命令整理行装，准备出发，连夜转移到杨柳青。1 月 16 日凌晨，我和群众剧社的厉田同志打前站直奔天津，天亮时赶到了天津西营门，然后到迪化道（今鞍山道）的青年馆报到。我们到青年馆时，见到一些晋察冀文艺界的同志已经到了，接二连三地还有些晋察冀的同志们到来。我被分配到第三宣传队，队长是何迟。午饭后，陈荒煤、周巍峙同志来了，给我们布置的任务是马上开展文艺宣传工作，到大街上刷宣传标语，向群众宣传共产党的政策，宣传解放全中国和建设新天津的伟大意义。大家立即行动起来，各就各位，到大街上刷宣传标语。后来，我们还深入工厂教工人扭秧歌、打腰鼓、跳集体舞，辅导群众的文娱活动；也参与了维持社会秩序，抓大烟（鸦片）馆，防范敌特破坏等工作。

1949 年 5 月，天津市的社会秩序逐渐稳定下来了，我开始担任第三宣传队戏剧组的组长。我们的任务是排练秧歌剧、活报剧，到街头演出，宣传党的政策，也将解放区的文艺风尚带给市民们。

业余写作

到1949年春天，随着生活相对稳定下来，我的写作兴趣也萌动起来。我开始写诗歌。我发表的第一首诗《我底母亲》，是发表在1949年4月8日的《天津日报》上。我还将1947年联大在太行山区转移时的写的一首《这就是太行山》，加了个副标题“农村散歌之一”，投给了《天津日报》，很快也发表了。这对我是个极大的鼓舞，激励着我继续写下去。接着我写了“农村散歌之三”《家》，“农村散歌之四”《枣花开的时候》，这两首诗是在1950年和1951年分别发表在《天津日报》上的。这组“农村散歌”发表时都是署名“白桦树”。此外，还发表了《仇恨——记一个解放军战士的南下誓言》等几首诗。当时我很勤奋，脑勤手也勤，积累了大量的生活记录。初学写作就写得很杂，诗歌、小说、剧本、散文、杂文都写一些，既为了练笔，也是出于宣传工作的需要。

1949年7月在北平举行第一届全国文代会时，我作为大会的工作人员出席了这次文代会。会议期间见到了很多在解放区和“国统区”很有名望的作家、艺术家，自己也很受鼓舞，我曾激动地写了首表达自己心愿的旧体诗：

五四劈开新文苑，
文艺革命征途远。
路线纠谬有斗争，
笔作刀锋战鹰犬。
“选学妖孽”长已矣，

洋人捐客亦寒蹇。
鲁迅迎风擎大旗，
筚路蓝缕殊勤勉。

后来天津市成立了“文协”（“文艺工作者协会”之简称），阿英担任会长，陈荒煤担任文艺处处长。为了培养青年作者，他们还办了个文艺刊物《文艺学习》。我在这个杂志上发表了两三首诗，如《祖国，你听我向你倾诉心愿》《荣誉是属于谁的》等。

我在华北联大学的是音乐，虽说学习专业的时间不长，但对于写词作曲的规律还是熟悉的。我在1949年12月6日的《天津日报》上发表过由我作词作曲的《世界工人是一家》，还与艾文会同志共同创作了一首《女工解放小唱》，由艾文会作词，我谱曲的。或因如此，1950年1月，在以群众剧社为基础组建天津市音乐工作团时，任命王莘为团长，曹火星为副团长，并将我调入担任指导员。当年我才21岁，精力充沛，不辞劳苦，硬是凭着我们白手起家的精神，将“音工团”办得很有生气。

1950年的9月15日“音工团”团长王莘和我到北京为“音工团”购置设备。在途经天安门广场时，瞻仰了金碧辉煌的天安门，尤其是那在蓝天的映照下，高高飘扬的五星红旗，更让我激情满怀。傍晚乘上火车返程时，火车伴随着进行曲的旋律轻轻启动，我感到激情难抑，随手从列车小桌上将刚刚吸完烟的烟盒拆开，掏出自来水笔，一挥而就了四句诗：

五星红旗迎风飘扬，
胜利歌声多么嘹亮；
歌唱我们亲爱的祖国，
从今走向繁荣富强。

写完后，我将烟盒递给坐在对面的王莘团长。王莘连连点头称赞，随后晃着手指打着拍节默默地哼了起来。过了几天，王莘在我四句诗的基础上增加了三段副歌，谱写成《歌唱祖国》这首歌曲。这首歌最初发表时署名就是我作词，王莘作曲的。1951 年国庆节前夕，文化部准备将这首歌作为国庆节推荐歌曲发表，王莘征求我的意见时，很强调地指出他补充的歌词，问我怎么署名，我出于对老同志的尊敬，便说：以您的名义发表吧！当时我想，王莘同志年长我十几岁，又是从延安来的老革命，还都在“音工团”工作，我不该在署名上计较。1951 年 9 月 15《人民日报》发表文化部国庆推荐歌曲时，这首歌的署名便是“王莘词曲”。我虽然心里觉得很不是滋味，但也没有计较。

1951 年 5 月，电影《武训传》在天津公演，5 月 22 日《天津日报》转载了《人民日报》“党的生活”专栏发表的《共产党员应该参加关于〈武训传〉的批判》。第二天中共天津市委宣传部召开文教宣传部门的党员干部开会，部署关于《武训传》的批判。我作为一个年轻党员，响应党的号召义不容辞。我写了一篇五千字的批判文章《武训到底是为谁服务》，投给《人民日报》。几天后我接到《人民日报》总编辑邓拓的来信，询问我文章的论据材料是怎样发现的，还鼓励我继续在理论上努力。这篇文章登在《人民日报》第二版的头条，足见媒体对这篇文章的重视。据说当时的《人民日报》编辑袁水拍、林淡秋主张调我到《人民日报》，不知什么原因没有调成。

1951 年夏天，我们“音工团”由我带队，到太行山区演出。我们访问了太行山区的农村，宣传抗美援朝、保家卫国的重大意义，歌颂翻身农民的新生活，受到老区群众的热烈欢迎。回津以后，便根据文化部全国文工团会议精神，将几个剧团合并为天津人民艺术剧院，方纪兼任院长，王莘、王雪波、何迟任副院长，我担任办公室主任兼剧院党支部书记。全院演职人员 300 多人，设有话剧团和歌舞团。当时，我还担任天津市人民政府机关团总支书记、天津市文化系统团总支书记和文化局党总支的青年委员。这段时间，尽管工作任务繁重，但自己总是怀着高度的责任感，对党委布置的工作任务，不惜一切代价圆满完成，因此，组织上也给了我很多荣誉。如1951年我被评为天津市文艺工会一等劳模、1953年五四青年节天津市团市委通令表彰我为模范团员等。

尽管如此，这两年间供我支配的时间不多，写作也受到影响，可是我的创作激情还是很强烈的，除发表了十几首诗歌外，还创作了几个紧密配合形势的独幕剧。这种转换也是解放区作家的传统，根据宣传工作需要将自己的主要精力投入到戏剧创作上来。1951年我创作了五个独幕剧剧本。这些剧本有《为了祖国》《难逃法网》《除夕之夜》《这是时候了》《血染的友谊》等，1951年7月25日上海晨光出版公司出版的“工厂文艺写作丛书”，收入这些剧本，以《为了祖国》为书名出版。这套丛书是阿英主编的。当时他担任天津市文学艺术界联合会主任。

与此同时，我的政治热情也很充沛，对马列主义理论的学习很投入，写作兴趣也蔓延到政治经济领域。从1950年到1952年我相继发表了六篇经济学和国际时评文章。1950年在天津举行的华北地区物资交流大会期间，我针对农村土特产的销路问题撰写了《土产畅销后的一个急遽问题》的经济学论文，发表在1951年5月22日的《进步日报》上[①]。还根据抗美援朝期间美国战争贩子企图将美国经济引向战争经济，在1951年1月29日《人民日报》上发表了《美国人民的抽血机——评杜鲁门今年的经济咨文和预算咨文》。这个时期的理论文章，还发表了《谁是种族歧视的倡导者与组织者》，揭露了美帝国主义歧视有色人种的罪恶；1952年5月为纪念毛泽东

① 《进步日报》的前身是天津《大公报》，1949年2月27日更改为此名在天津出版，这是解放区第一份民营报纸。1953年上海《大公报》与天津《进步日报》合并，迁往北京，名为《大公报》继续出版。

《在延安文艺座谈会上的讲话》发表10周年，我发表了《学习的几点体会》，阐述了自己学习《讲话》的心得。

由于在艺术剧院工作，自然在创作上会往剧本上倾斜。1952年5月我创作了独幕剧《国庆节的献礼》，1953年3月创作了《不能让他逃走》等剧本。在1952年年底开始“三反”“五反”运动时，为配合运动搞演出，我参与了《打虎战役》剧本的创作，我还到天津店员工会深入生活，与该工会的业余作者一起创作了剧本《千两黄金》（由我执笔）。这两个剧本当时演出后社会反响不错，只是剧本都没有出版。

1953年北京的工人出版社出版了我1952年创作的小说《复工》。这篇11000字的小说描写了在“五反”运动中，工会组织领导工人们与资本家斗争的故事。小说最为突出的特色是工会组织在与资本家的斗争中运用了既团结又斗争的策略，一方面团结思想开明的资本家，激发他们经营的积极性，另一方面又树立工人阶级的领导权，发展生产，支援国家建设。这个独特的表现视角收到了很多读者的追捧。这篇小说在《天津日报》文艺周刊发表时，正好那天周立波来天津辅导创作，他在讲话中给予了充分的肯定。

1953年10月下旬，我参加了第三届中国人民赴朝慰问团。我所在的第一分团到朝鲜东线，慰问第20兵团的志愿军。在一个较为平坦的地带，搭好舞台，为志愿军演出了我们天津人民艺术剧院歌舞团的歌舞，还有以谭富英、裘盛荣、言慧珠为首的京剧团，也同台进行了演出慰问。我们沿途边访问边演出，到过作为南北分界线的“三八线”，我还乔装成记者参加了两次中美双

鲍昌和亚方摄于1956年

方的板门店后续谈判，拍了一些照片。此次朝鲜之行，我搜集了两三本材料，回国后写了三篇报告文学：《我们在朝鲜前线》（署名李兰陵）《王贵》《任务》，在 1954 年初分别发表在《天津日报》上。

参加第三届赴朝慰问团的我们天津歌舞团在 1953 年 12 月 15 日返回天津。进入 1954 年之后，我又带领天津歌舞团去内蒙古慰问在那里顶风冒雪勘探矿源的勘探队。我们先后到乌兰察布盟、伊克昭盟慰问新中国的建设尖兵们，途中搜集了一些资料，回津后在《天津日报》上发表了《在草原上——勘探队记事》《铁——勘探队记事》《小茴香》（署名李兰陵）等。

从内蒙古演出归来后，天津人民艺术剧院实行改组，我到王莘担任团长的天津市歌舞团担任副团长，与我一起担任副团长的还有曹火星。

内蒙古之行我深受鼓舞，向组织上提出申请到白云鄂博 241 地质队体验生活。获得批准后，我马上动身前往白云鄂博的 241 地质队。开始担任队长的秘书，两个月后，基本熟悉了领导层的生活，我便申请到工人中去。我给工人们打下手，在他们的指导下学习操作技术，也与他们一起分享大草原日出日落的美丽图景。在勘探队我与他们同睡木板房，同吃棒子面和莜麦面窝窝头，只是蔬菜极少，更谈不上副食品供应了。生活的确是艰苦的，但我丝毫没有觉得受不了。体验生活十个月后，就到了 1954 年 10 月，我带着深入生活的喜悦回到天津。后来在 1956 年与 1957 年间，我利用业余时间，以每天六千字的速度创作了一部反映地质勘探队生活的长篇小说《青青的草原》。这本书洋溢着我国第一个五年计划时期的英雄气概，描写了地质队员们的辛劳，钻探工人们的苦斗，草原上的暴风雪，乌梁素海的白天鹅，其中还夹进一支蒙族青年的爱情插话。这是我写的第一部 50 万字的“有形的书”，它凝结着我的心血，脱稿后上海文艺出版社决定出版，遗憾的是，在我 1957 年被打成右派后，这部长篇就石沉大海了，连手稿都没能找回来。

政治旋流

1956年年初，全国农业合作化高潮到来时，我到天津东郊的杨家场乡搞合作化，将刚刚建立不久的农业生产初级合作社转变为高级社。在这里搞了四个多月，我的创作也有收获，写了两篇反映农村合作化的小说。

1956年三、四月间，我被抽调回来筹备办刊物。开党组会时，大家都不乐意当编辑，互相推托。于是孙犁推荐我当编辑部主任，将这个文艺刊物办起来。老同志的委托，我不好推辞，就上任履职了。这个刊物《新港》的名称是不是我取的，记不太清楚了，不过《新港》的创刊词是我写的，确实有号召年轻的作家们“到《新港》来靠岸”的意思。

1956年3月15日到30日，我参加了全国青年文学创作者会议，张学新是领队，我是副领队，参加的人员有宣传部部长王亢之，青年作家阿凤、滕鸿涛、宋文清、杨润身、石英、孟伟哉等人。在这次会议上我被分配到理论批判组，组长是李希凡，我是副组长。茅盾同志的专题报告中提到理论批评界卓有成就的年轻人时，就提到了李希凡、蓝翎、鲍昌等人。大会上我应约作了发言，重点阐释了思想斗争中要反对庸俗社会学的观点。会后大会通过的给党中央的致敬电，是由我和邵燕祥起草的。

1956年10月，中国作协召开“全国文学期刊工作会议”，集中讨论如何贯彻毛泽东提出的“百花齐放，百家争鸣”的方针，鼓励文艺界放开手脚，大胆鸣放，促进文学创作的繁荣。会上，我担任华北组的组长。

1956年对我来说是个不平凡的一年，在政治上多有进取，在文学创作上也小获丰收。年末，我将这几年写的40多首诗，编为《海河诗抄》，准备出版。还为上海文艺出版社编了本《小兵集》，都遭到了《青青的草原》一样的命运，因为被打成右派而流产了。

1957年的春天，我请了四个月的创作假，《新港》编辑部主任由王昌定代理，稿子编好后交方纪审订，然后发稿、付印。五一节后我回单位上班了，这时整风已经开始，而且达到高潮。这一年的劳动节我被评为市级劳动模范，到七八月份还和刘绍棠一起到北戴河疗养。

国庆节后，我被揪了出来，停止工作和社会活动，对我连续批判三天。在群艺馆的一次批判大会上有2000多人参加，批判会上有人指责我把《新港》变成我的"独立王国"，批判我的文章铺天盖地而来，领导上还找我谈话，深挖思想根源。我谈了自己的看

鲍昌（右）与刘绍棠1956年夏摄于北戴河疗养中

法，我觉得知识分子对党的工作人员应该有监督的作用，这就需要文学作品干预生活；还觉得为保证无产阶级专政，应该给予群众民主的权利。这都是交心时谈的个人观点。接着还批判我的叛党行为，因为在反胡风时我说逮捕胡风分子有点“过”，我说“不理解”为什么这样做。

我被揪出两个月后，于 1957 年年底被开除党籍。此时我已经无职一身轻了。但我比较开朗，天天到图书馆去看书。我曾有过写太平天国的想法，这段时间看了很多有关的书籍，也做了五六本笔记，大体上有了思路和结构模式。1958 年 5 月份，市文联的下放干部，青年骨干、戴帽右派，以及没有戴帽的右派嫌疑分子，都被下放到天津南郊葛沽镇的新房乡劳动。

下放劳动

我们被下放的新房乡是个水田兼园田地区，以生产稻米为主。我们被分配到各个贫下中农的家中居住，每天各自跟着房东家的农民一起下地干活儿。吃饭是独立起火，大家轮流做饭。我的房东姓郭，年轻时参加过义和团。郭大爷是一位憨厚淳朴的老贫农，勤劳、朴实、勇敢而又机警，他同我一起劳动，给我以极深的印象。他对我也很好，很亲切，一点也没有歧视或另眼相待的意思。我们一起下地时，他教给我干农活儿，跟着他我把水田、园田和部分旱田的农活儿都学会了。水田活儿除了养芽子（育秧）没有学会外，像栽秧、挠秧、割稻等一系列水田活儿都学会了，像“甩五退六”的插秧和“齐泥割稻”等技术活儿，我都敢和农民比着干。园田的活儿，学会了种植各种蔬菜，栽种小葱、蒜苗、小白菜也都会干。旱田的活儿，像种植高粱、玉米、大豆，都不甘落后。耕地时学会了扶犁，耙地时能站在耙子上吆喝着牲口耙地。农家户的一切农活儿我几乎都干过，当车把式，套牲口，赶大车；冬天平整土地，打冻方，窖白菜，干起来也蛮有兴致。有一次大雪天我们去割苇子，苇子尖扎透了胶鞋，扎破了脚，一点也没有叫苦。我与农民一起到荒草甸子打草，老百姓讲了很多鬼狐的故事，听得我有点毛骨悚然。我是决心向农民学习，了解农村生活风俗，想在农村滚一身泥巴，炼一颗红心的。从下乡劳动的第一天起，我就开始记日记，遇到什么事，接触到什么人，哪些农活儿怎么干都要记下来，从农民嘴里听来的农家术语、生动口语、俏皮话都要记上几笔。我还很注意观察当地的景致随时序而变化的状况，像谷雨节气时，当地什么草开始变绿了、什么花开了、天上的云彩什么形状等都要记下来。至于农村的风俗习惯，更是有意识地观察和参与。我见过农家婚丧嫁娶的风俗，村里死了人还请我给他们“题柩”。所谓“题柩”就是在棺材的前面板上写一竖行文字：“故显考（妣）（某）府（某）太君享年（几十几）岁之灵位”，还写过丧榜、纸幡，每次写，农民们都是用两碗酒招待我。劳动之余我对农村的生活事件都不放过观察的机会，像村子里杀猪、挂马掌、冬天架鹰、大雪天打兔子等等，我都悉心观察。还与河工打过交道，了解他们行船运输的情况。像这样记录日常生活和生产过程的日记，在乡下我写了有五六本。当时虽说没有我发表作品的机会，但我深信厄运不会永远伴随着我，总会有一天我能写作的。

随着与郭大爷熟络起来，吃完晚饭后，我们在小院歇息时，我问起当地的风俗历史，郭大爷告诉我这一带曾是义和团的古战场，一句话激起了我的兴趣，请他讲讲义和团的故事。他便兴致勃勃地讲起当年参加义和团的故事。就这样，一连好多天晚上给我讲故事，使我萌生了要写义和团的念头。我把他们讲的这些故事记录下来，再加上其他一些生活笔记，足有几十万字。郭大爷说：你不是会写书吗？写写咱们这一段吧，准会有人爱看。这句话很使我“神往”。夜里躺在土炕上，注视着窗外的皎洁月亮，我陷入沉思之中：难道这样朴实的老汉，竟是统治阶级诬蔑的“妖邪”吗？我因此对统治阶级编写的史料大为怀疑，觉得他们诬蔑“拳匪”云云，盖出于阶级偏见。后来一些年逾古稀的义和团的“大师兄”“大师姐”们，在皓月星空、瓜棚豆架下，也给我讲了不少的英雄稗史、草莽传奇，使我了解到当年义和团暴动的情况，还了解了他们起事的动机、目的，同时也有意识地接触该乡里参加过义和团，或亲眼见过义和团的各阶层的老人，从他们嘴里搜集义和团活动的情况，越谈得多越增加了我写义和团的决心，闲暇时还走访了当地的义和团的古战场。我当年虽是“戴帽”之身，但对我们的管理较为宽松，从而使我能够接触较多的人，了解有关义和团的往事。

进入1958年的“大跃进”时期，我亲自经历了公社化的过程。公社化以后，农村副业生产受到损失，农民们将自家养的鸡、鸭低价卖给我们下放人员，以防被“公有化”。接着是大炼钢铁、吃食堂、放卫星。小高炉炼钢铁时，将老百姓家里的铁锅、铁器具全都收集起来，填在小高炉里，熔化后流出铁水，就算是成绩了。我们下放干部也修建小高炉，还真的炼出几炉铁来，至于质量如何从没有人过问。我们还每人分得一分地种植试验田夺高产，多施肥，多浇水，下了很多功夫，可是总达不到报纸上宣传的那种高产指标。当年是“大跃进”不分昼夜，我们晚上还要开展宣传工作，画壁画，举行赛诗会。我会写美术字，就在大街上刷标语，还帮助农民修改诗歌，参加赛诗会。

1959年10月开始度荒，压缩口粮指标，闹得人心惶惶。当时我的思想很矛盾，也很动荡。从主观上想努力改造自己，争取早日摘掉帽子；另一方面也感到“三面红旗”问题很多，不得人心，使得自己心情很郁闷。

1959年年底，天津市调回了下放干部，只把三四个右派留下，并转到灰堆附近的双林农场，继续劳动改造。我是被留下的其中之一。在这个农场我们住的是劳改犯的宿舍，吃的是“瓜菜代”，如同集中营一般，“劳改”的阴影总是挥之不去。不仅思想压力大，而且劳动强度也非常大，两个人抬的大筐有三百多斤重，一人挑的担子也有百十多斤重。就这样一干就是一整天。我和许多人一样，脚面浮肿，一按一个坑。我在园田队干活儿，学会了修阳畦[①]，用三尺叉刀开土块，挖开再弄平，一天能做四十多个畦。至于怎么育苗，怎么移栽，怎么施肥，以及园田管理的一些事也都学会了。在稻田插秧时我还会“打夹垄”，这可是技术活儿，一般人都干不好。由于干活儿肯吃苦，不怕累，后来还提拔我当了劳改组的副组长。

① 又叫秧畦、洞坑，利用太阳光能保持菜畦温度的设施，如今用塑料大棚。

1964 年“四清”时还受到过表扬。当时真有个想法想在农村落户，觉得这里人际关系较为单纯，尽管苦些累些，总比在知识分子之间闹勾心斗角强得多，可是一想到我爱人和两个孩子，又渴望回到岗位上写东西和照顾家庭，就又不想待在农村了。

我是 1951 年与亚方结婚的。亚方原名刘亚兰，是四川宜宾人，比我大两岁，1948 年参加革命，毕业于北京大学西语系。我们是在进城后的第三宣传队认识的。1953 年我们生了个姑娘，取名露滋，后来又生了个儿子取名光满。当年我两个孩子，还要供养两位老人，我劳改期间每月只发 30 元生活费，家里的生活费用全靠亚方的工资支撑着。反右派时，她受我的牵连，受到了留党察看的处分，政治上承受着很大的压力。特别是在 1959 年到 1960 年间家里的日子过得最为艰难。她被下放到西郊的梨园头劳动，孩子无人管，只好请了一位北京的保姆来照顾一段时间。后来保姆走了，就把两个孩子送到幼儿园。我家当时住在佟楼的 26 平方米的房子里，十分狭窄。每逢周末亚方从梨园头回来接孩子，一路奔波，十分劳累。我在农场，每个月只有两天假，可以分着休，每两个礼拜才允许回家一天。这段时间北京的家也很惨。我二弟鲍晶在中央民族学院教书也被揪出来，打成右派，1958 年被下放到宁夏农村。三弟鲍晟失了学，只好到八达岭林场当了工人。四弟鲍昆还很小，正在读书。在这种政治压力和生活压力之下，上有老，下有小，还有未成年的弟弟，而经济来源入不敷出，亚方不堪重负，曾向我提出过离婚，但我没有同意。毕竟我们“同是天涯沦落人”，也能互相理解，亚方以她柔弱的肩膀硬是扛了过来。

1961 年我被摘掉了右派的帽子。其实在 1960 年农场就准备给我摘掉帽子，在征求市委宣传部的意见时，方纪不同意，这就又拖了一年。摘帽后分配工作时，市文联不同意我回去。眼看着摘帽右派都回市内了，农场里只剩下我们一小部分摘帽或还没有摘帽的右派。我当时的情绪是可想而知的，我真的不理解，整人为什么要将人整到这个地步！

三年惬意

1962 年 5 月，我被通知到市文联文学研究所工作。这个文学研究所的所长名义上是方纪，实际上是由涂宗涛负责。我被分配在理论组，正副组长分别是申文忠、赵侃、潘庆龄。当时没有分配给我什么研究任务，我便确定搞“美学”，准备写一部探讨“艺术的起源”的著作。我的主要精力用于读书，按部就班地阅读了马恩列斯的全集，从经典著作中学习、理解他们的美学观点，接着又读了高尔基、别林斯基、车尔尼雪夫斯基和杜博罗夫斯基的美学著作和中国古代、近代的文论，进而又学习现代的美学著作。前前后后的两三年间我积累了 12000 多张资料卡片。

平时，所里也临时给点写批判文章的任务。如批判《早春二月》《北国江南》等影片和小说《勇往直前》等。这样的文章都是集体研究，分头执笔，发表了六七篇文章。我执笔撰写的有纪念高尔基诞生 95 周年的《继承发扬高尔基的战斗传统》（署名文彦理）发表在 1963 年 3 月 27 日的《天津日报》上，纪念马雅可夫斯基诞生 70 周年的《十月革命的伟大歌手》（署名文彦理）发表在 1963 年 7 月 17 日的《天津日报》上，还发表过《根深才能叶茂》《巡海英雄的颂歌》（均署名文彦理），与业余作者谈创作、谈塑造新人物形象问题等。当时没有分配批判任务时，我个人在《天津日报》《光明日报》《河北文学》等报刊上发表了五六篇作品评论。

在阅读中国近现代美学著作时，顾颉刚在《古史辨》中对《诗经》“去伪说，辨真相”的观点使我很受启发，也受到郭沫若、闻一多等对《诗经》的新见解的影响，很佩服他们用新观点注释《诗经》的做法和胆识。因而我也想把《诗经·国风》的305篇都重新理解和注释，以便匡正以前的荒谬注释，给后人一个较为准确的交代。就这样，我又将研究的幅面扩大到《诗经》上来，"美学"与《诗经》齐头并进。与此同时，为便于查阅有关"艺术起源"的外文资料，我还坚持自学英语，每天坚持一两个小时。

1964年的九、十月间，搞突出政治大讨论，文学所让我编辑一本马恩列斯和中央领导人关于文艺言论的资料汇编，还给我配备了两个助手。我们用了将近一年的时间，到1965年的秋天终于编选出一本60万字的"汇编"，作为当年突出政治活动的学习资料。受这本书的启示，我还编了一本文艺理论学习的资料汇编。应该说这几年是我十分留恋的美好时光，是我从事文学研究的黄金时代。为我以后成为学者兼作家奠定了扎实的基础。

浩劫年代

1965年的冬天，我到天津东郊军粮城的刘台庄搞“四清”，实际上是宣讲“二十三条”，即《农村社会主义教育运动中目前提出的一些问题》。我所在的分团的团长是胡克义，工作队队长是吴火。先是在刘台庄三队进行“四清”摸底，后来又让我搞专案。1966年四、五月间报纸上开始批判“三家村”之后，市委将宣传部的领导都抽回去，留下我扫尾，担任了组长。由我经手将生产队队长李义宽的政治问题搞清楚了。当初有人揭发他有枪，经查证解除了怀疑。

到1966年的八、九月间，我们还在农村继续搞“四清”。这时的市文联，已经建立了“文革”筹委会，石英担任主任。听说贴的大字报有几张涉及我，心里有些紧张，担心又陷入厄运。10月初市委让我回文联参加“文化大革命”。回去一看，柳溪、何迟已被揪出来。我被安排在特殊组，其成员都是受过处分的、右派或有历史问题的。钟铭钧是“文革”筹委会副主任，他警告我是个边缘人物，更加重了我的思想负担。

1968年2月21日，江青在讲话中点了方纪、孙振、王昌定的名字，说他们是“小爬虫”，接着便都被逮捕起来。在清理阶级队伍中，王林证明我没有问题，军宣队便让我刻印宣传材料。有一次刻蜡版时把“无产阶级专政”中的“无”，误刻成“资”字，工宣队的两位师傅找我谈话，要我多细心些，并没有追查什么政治责任。不几天又刻错了一个字，同志们发现后将宣传材料统统收回。以后就让我去刻宣传画，防止再刻错字。

这段时间我参加了一些批斗会，批斗杨润身、王昌定、石英。在会上我尽量不发言，只要能不发言的我就不发言。

1968年10月我们到干校学习、劳动。干校在天津西郊的工农联盟农场。这是文教系统的104干校。市文联被编为七连，连长是位女将李梦英，指导员是申文钟。我们一半劳动一半学习。一年后的7月份宣布市文联是“砸烂单位”，都被重新分配了工作。我是第一批分配的，到天津地毯三厂当工人。亚方也上了干校，被分配到天津造纸四厂当工人。

1970年夏天我女儿露滋初中毕业了，她带头报名申请下乡，到山西黎城县农村插队落户。乡下的生活是很艰苦的，我也没有能力帮助她。

1970年开始挖防空洞，我们干了有半年多，地毯厂领导和工人都反映很好，也与他们交上了朋友，到现在我们逢年过节还有来往。1972年地毯厂的销路不景气，我们厂里抽调了一些人搞了个小化工厂，试制“分子筛”。我是被抽调的之一，而且是骨干。“分子筛”是一种具有立方晶格的硅铝酸盐化合物。我们都是外行，但决心很大，白手起家，半土半洋，反复实验，终于试制出“分子筛”，生产出贵金属钯，给地毯厂挣了20万元。在小化工厂劳动时，我避免了一次事故的发生，受到工友和领导的好评。于是在1973年下半年“分子筛”停产后，厂领导安排我到第三车间当统计员。工作较为轻松，使我有机会了解到天津手工业工人的生活和工作状况，积累了一些资料。

1971年9月林彪在蒙古国折戟沉沙之后，不知出于怎样的灵感，我忽然想到鲁迅的那句话：“历史绝不会倒退，文坛是无须悲观的。”这句话经常在耳边回旋，我似乎看到了希望。

1974年年初开始“批林批孔”时，车间领导让我办“批林批孔”展览会，写文章，画漫画，让我干啥就干啥。还让我给青年工人讲解法家的著作，讲荀子的《天论》、桓宽的《盐铁论》，后来又讲劳动人民的反抗斗争，从陈胜吴广讲起，一直讲到义和团运动。有一次险些出事，在讲“对资产阶级全面专政”时，我忽略了讲理论根据，有个叫张强的工人给我汇报了，指导员找我谈话，我的压力很大，当时就是谨小慎微，唯恐哪个地方出现疏忽而遭遇不测。

在地毯三厂劳动的这五年，我白天当统计员，搞“批林批孔”，晚上回到家就开始为撰写义和团的小说作准备。我想，白天干得轻松些，回到家就有精力写我的《庚子风云》，当时我是戴帽右派，写的东西是不能发表的，但我相信古人的“藏之名山，传之后世”的说法，因此我将这部书称为“名山事业”。当年，我曾写了这样一首诗：

北风胡马望南枝，
伏枥雄心未已时。
贾谊踟蹰愁献策，
刘琨起舞愤吟诗。
词林往事谁能语？
故国前途深所思。
关外男儿肝胆烈，
悲歌慷慨告君知。

诗中的“悲歌慷慨”就表达了当时我创作《庚子风云》的决心与毅力。

应该指出：在农村时期，我只是初步萌生了写作《庚子风云》的念头，并获得那地区的局部史料。真正的思想、艺术上酝酿成熟，还是在这以后数年之内的事。除了在农村劳动时搜集到人民的口碑材料，但作为历史小说，还必须掌握大量的历史文献资料。为此，我秘密地开始搜集各种资料。之所以秘密，那是因为当时我头上还有一顶帽子。有关的领导部门，对我有兴趣的只是定期的“思想谈话”。假如他们知道我有创作的野心，结果只能是更多地来几次“思想谈话”。所以，搜集资料只好秘密地进行。这项工作，持续了很长时间。

我觉得，对待义和团运动应该运用马克思主义观点进行具体分析，这才使我既看到义和团运动正确的一方面，也看到了它的消极一面。单纯从人民的口头传说，或单纯从文字史料上来把握历史事件，都是不够的。作家必须把几方面有机结合起来，才能得出全面的认识。因此，我除了阅读了一些马克思主义的经典著作之外，还必须去阅读大量的文字史料，这包括官修史书，时人笔记，民间的记载，有关义和团运动的谕旨、奏折、函电等档案史料，如《华北作战记》《津京随军记》《天津——插图本史纲》等等。为了弄清当时天津的地方风土人情，我翻阅了各种天津地方志；为了弄清北京宫禁建筑情况，我再看了《北平宫闱图说》《三海见闻志》等文献外，还多次进行实地访查。书里面所描写的宗教、贸易等情况，也是在大量调查、谈话、阅读材料之后得到的。我曾和当时还活在人间的老买办、老修女谈过话，我搜集到天津宗教事务处的一大摞油印的内部史料，还阅读了《天津海关 1892 ~ 1901 年十年的调查报告》。为了确切弄清八国联军的服装、武器和战争图像，我去北京图书馆借阅了被视为善本的《北清事变写真帖》和《义和团战争全图》；为了掌握义和团的各种揭帖、乩语、歌谣，我东抄西录地弄了几十万字的资料。在搜集资料的过程中，给我帮助很大的有位叫张仲的。他是天津市房管局的一个内部报纸的编辑，是个老天津。他陪我几次走访义和团的坛口吕祖堂，还带我访问了给林黑儿摆过船的 90 多岁的尚氏兄弟二人，从他们那里我了解到许多林黑儿的材料。还有南开大学历史系的一位同志把几大卷南大师生在冀中搞的义和团史迹调查材料借给我阅读，这是至今尚未公开的材料。天津历史研究所、天津《历史教学》编辑部的两位同志，也借给我大量的内部资料。天津图书馆的几位朋友，在我还戴着“右派”帽子的情况下，将许多图书偷偷地借给我，更使我感激不尽。尤其是天津市文联办公室的一个同志在 1958 年就大胆地给我开介绍信，让我到静海县作实地调查。这种逆境中的友谊是非常令人动情的。这些搜集材料的工作，都是我利用假日和业余时间完成的。当时我有个精神支柱，还是鲁迅的那句话：“历史绝不会倒退，文坛是无须悲观的。”我深信我的问题总有了结之日，到时候我得给人们拿出点东西来。再一点就是上述同志们的热情支持和暗中鼓励，也促使我不辞劳苦地走下去。我那时工作得很紧张，因为镜中已见霜鬓，自觉时日或已不多，鲁迅的那句“赶快做”的话，成了绝对命令。

迎接曙光

1974年的七、八月间，下放当工人的政策开始松动，文联也有些同志被落实政策，回到机关工作了。我去找当年搞“四清”时的工作队长吴火（他是位老革命，1958年曾任天津市委书记的秘书，后来在天津市委理论组工作），希望他能帮我找个图书资料工作的单位。吴火还是很不错的，他找到天津师院中文系的负责人姚耀，她同意我到师院工作。师院的领导是“文革”前的天津市委文教部部长王金鼎。当时的天津市革委会想搞个像上海的《学习与批判》那样，由一所大学办的刊物，便将此项工作交给了天津师院，由市革委拨款，天津师院具体操办。刊物的名称是《天津师院学报》，设有文学、教育、哲学等几个编辑组。我刚上班时在资料室工作，但因新组成的编辑班子都没有编过刊物，我上班后没有搞上几个月的资料，就让我编刊物。因为从指导思想上就以《学习与批判》为标杆，所以也效仿《学习与批判》开门办刊，到处组稿。我于1974年11月外出组稿，第一站就是唐山，组的第一篇稿件就是赵朕写的论文。

到天津师院后仍然是被列入“另册”的，周围的政治气压很低，我曾写了一首诗：

冻铁凝金筑重城，
幽思如火地中行。
此时翘首森然待，
雁破霜空叫一声。

这就是我当时处境艰难的心情表露。

当时的师院负责人王金鼎也想搞个像“梁效”那样的写作组，李行健担任组长，还有个女编辑参加。在学报没有以我的个人名义发过任何文章，当时编发稿件难免有违心之论，不过我尽量避开写配合形势的文章，总是从资料入手，做些学术研究工作，当时以“本刊资料室”署名发表的《红楼梦大事年表》(1715—1967)，就是我搜集编写的。

1975年的夏天，邱文治编写了一部四万字的《鲁迅年谱》，投给学报。他的《年谱》有一定的基础，我向领导申请说帮助这位作者搞一部新型的《鲁迅年谱》，作为本校中文系的教学参考。得到领导的批准之后，我把白天的时间大多用于编写这部《年谱》上了。我家搬到复兴门大楼之后，因为编《年谱》，每周只到学报上班两次。我白天编《年谱》，晚上就搞我的《诗经》研究。我的住室比较狭窄，我坐在小马扎上，把双人床当作写字台，常常是将资料、卡片、笔记摊在床铺上，地板上，乃至板凳上，小屋里都没有下脚的地方。一听有人来访，急忙到大屋里去接待，不想让人看到我在搞自留地——《诗经》研究。那时家里养着猫，我不在时它就玩起古书来，好几本古书都被它抓破了。我几乎每天都要工作10个小时以上，在一首“七律”中我写道：“司理芸编是素心”，尽管劳顿，但这却是我的最大的乐趣！

为了研究《诗经》，从1974年开始，我研究了汉字的版本学、训诂学、古音韵学、古文字学，曾向顾颉刚、商承祚、于省吾请教，有的是登门求教，有的是书信请教，得到名家的指点，掌握了学习研究古文字学和古音韵学的窍门。我还访问过古文字学家陈邦怀、语言学家李荣、甲骨文专家胡厚轩，以及著名教授周汝昌、吴世昌等。特别是李荣还故意考考我，问我现代汉语有没有入声字，我经受了考验，李先生对我另眼相待，给了我很多指导。

这段时间我的主要任务是搞《年谱》，但也接受临时的写作任务。像参与写作反击右倾翻案风的文章、搞评“水浒”的资料等。

从家里情况看，这几年我女儿露滋被选调到山西长治公路段，不久又被选送到西安交大读书，儿子光满于1971年中学毕业在天津造纸厂当钳工。

1976年7月地震时，我正和我们学报的编辑夏康达一起到北京访问老作家，为的是核实《年谱》涉及的一些问题。地震那天晚上，我去看望住在虎坊桥的一个中学时的学友，晚上就住在他家。地震发生后，我急急忙忙地乘坐第一班公交车，赶到阜成门，到家里去看望母亲和弟弟。（当年我的父母住在阜成门的能仁寺胡同里的一明一暗的北房里。在“文革”前我父母和弟弟租住的是一明两暗的三间北房，“文革”期间我父亲遭到造反派批斗，被赶回天津，造反派便占用了一间。）第二天便挤上火车回到天津。回家的路上，惨不忍睹，由此开始了两个多月的窝棚生活。

1977年的春夏之交，又恢复了《年谱》的编写工作。直到1978年5月将《年谱》上册修改好，由吴云和李福田介绍给天津人民出版社。吴云是东北人，研究魏晋南北朝文学和陶渊明，他的研究成果曾得到我的指点，也是在我的指导下出版的，因而他也热心帮助我。学报负责人张虎刚为人好，很支持《年谱》的编写工作，交出版社时他让以个人名义出版。

1978年9月25日，根据出版社的建议，我预支了300元稿费，自费去南方出差40多天，访问了南京、上海、杭州、绍兴、南昌、厦门、广州等城市，目的是核实鲁迅的一些史实。在南京到南京大学、江苏师院查阅了些资料；在上海访问了巴金、赵家璧、赵景深、丁景唐等著名作家与专家；在复旦大学、华东师大和徐家汇藏书馆查阅了很多30年代的期刊；在杭州参观了鲁迅曾经任教过的浙江两级师范学堂（旧址在杭州高级中学院内）、鲁迅纪念馆，也参观了大禹陵、余杭的东湖等地；还到鲁迅的外婆家皇甫庄访问，见到了闰土的孙子，体验了鲁迅小说里描写的风土人情。后来到厦门大学，见到了在平民学校做工的工友。这位老太太回忆了一些平民学校的情况，还拜会了著名翻译家徐霞村教授。当时他有 70 多岁，精神矍铄，给我介绍了他过去在厦门大学工作时的情况。从厦门到广州，乘长途汽车走了两天。在广州参观了中山大学白云楼的鲁迅纪念馆，还拜会了欧阳山和一些老教授。此行走访了鲁迅生前好友 60 多人，翻阅了鲁迅博物馆、鲁迅纪念馆和研究室的许多内部资料。

这部《年谱》除了数以千计鲁迅本人作品、书信、日记外，引用各种回忆录、回忆文件、参考文献约 776 种。从 1975 年秋天开始编写到 1980 年 9 月出版，前后历时五年，总字数达 74 万字。基本竣稿后还请数十名鲁迅研究专家看过，得到李何林、唐弢等不少专家指点，搜集到上百条意见，并在此基础上修改成书。

1978 年的一天，一位也住在复兴门的朋友诸有莹看到我编写《鲁迅年谱》很辛苦，便说："你应该写点文学作品。"我将《庚子风云》的稿子给她看了，她因为在百花文艺出版社工作过，熟人很多，便送到了天津百花文艺出版社。没过几个月告诉我需要改一改，准备出版。于是在编写《鲁迅年谱》的同时，我挤时间修改《庚子风云》的第一部。这两项工作几乎是同时进行的。尽管很劳累，当我援笔摛藻时，我却觉得心灵是自由的，精神是愉悦的。

1979 年 11 月《年谱》上册正式出版后，支付了稿酬。我将稿酬汇款单交给张虎刚，他坚持不收，让我和邱文治自行支配。这部《年谱》最初的邱文治初稿仅有四万字，到出版时已经达到 74 万字，扩展部分都是我编写的。百花文艺出版社出版时署名为"鲍昌、邱文治合编"。

附带说一下，我之所以对这部《鲁迅年谱》肯于付出这么多的精力，与我从小对鲁迅的敬仰是分不开的。幼年时，母亲对"鲁迅是个很受大家欢迎的文学家”的评价，深入我的脑髓；后来在书摊、图书馆读到鲁迅的作品，更加深了我对鲁迅敬仰的感情；在华北联大期间，听沙可夫、艾青和何干之的讲课使我对鲁迅有了进一步的深刻认识。因此，在1949年作为工作人员参加第一次全国文代会时，我才有“鲁迅迎风擎大旗，筚路蓝缕殊勤勉”的雄心壮志和殚精竭虑的求索精神。在我编辑《新港》时，为纪念鲁迅逝世20周年出版过纪念专号，我发表了《鲁迅——反对帝国主义殖民者的忠诚战士》的论文，这是我研究鲁迅的最初的尝试。1981年9月，在西安举行的纪念鲁迅百年诞辰的学术报告会上，我宣读了题为《鲁迅小说的几个美学特点》的学术报告，得到著名鲁迅小说研究家许杰的赞许。此文已收入《纪念鲁迅一百年诞辰学术讨论会论文选》，还有一篇《鲁迅的“改造国民性”思想》将刊发于上海的《文艺论丛》，在今年的4月份出版。

1979年3月，我的1957年错划右派问题获得纠正，市委宣传部让我写申诉材料，很快就批了下来，恢复党籍，恢复原级别14级。

1979年的四、五月间，我参加了中国作家访问团，深入到云南边境对越自卫反击战前线，进行了两个多月的采访。行前王昌定向我道歉，握手言和。在云南采访后我写了《景颇人的腰刀》《阿佤山的雄鹰》等报告文学。其中《阿佤山的雄鹰》获得了中国人民解放军总政治部举办的“自卫还击保卫边疆英雄赞”征文的报告文学三等奖。

这时，王金鼎调到市里，由李继之出任师院院长。李继之是我国知名的教育家，素有“南刘（佛年）北李（继之）”之说。他听过鲁迅的课，参加过高蠡暴动，1959年被划为右倾。他接任院长之后，让我出山，担任中文系主任。中文系是个老大难，我不愿意干。在半年内他找我谈话三次，颇有点不动员我出山决不罢休的劲头。李继之让我维持三年，实在推托不了，到1980年3月才接任中文系主任，兼党支部副书记。这一年我还晋升为副教授，担任中文系美学研究生导师。

我上任后有个施政纲领的发言，亮明我的观点。我调整了一下系里的领导班子，没有撤掉几个人，只是将陆世光提拔为副主任，成立了个学术委员会，重用了长期被压制的李厚基、姜东赋等人，每个教研室也重用了两三个人。半年后就遭到他们的反对，片面攻击我重科研，轻教学。其实，我是既强调教学，也重视科研的。我让他们搞了教学大纲，搞教学经验交流会，每年的教学经费都要求他们花光，这是对教学业务的很大支持；但我也举办了几次学术报告会，请来刘绍棠、刘心武、梁斌、林斤澜、吴火、侯宝林、蒋子龙、王瑶作报告，开阔了师生的眼界，也促进了学术交流。

可是，这些工作也招来非议。本来都是出于好心的，却是费力不讨好，真让我寒心。

回到文联

1981年的秋天，市文联的秘书长方纪文要我回到市文联当秘书长。方纪文是位老革命，这时他已经将近70岁了，希望有个信得过的人接他的班。他告诉我，这个秘书长有实权，要把两派捏合在一起。

在此之前市委陈伟达书记召开文艺座谈会，征求大家的意见，我也应邀参加了。天津文联的党组书记要我发言，我谈了我们谁都整过人，现在主要是往前看，不要再纠结于过去的恩恩怨怨。陈伟达在总结发言时肯定了我的发言，为市委调我去文联铺平了道路。我提出回文联可以，但不当领导。

1981年冬天，市委组织部又找我谈话，答应我当专业作家。这样就决定在1982年召开天津市作协第二次代表大会时调进来。作协成立了七人书记处，让我当“牵头的”。这样一来，当专业作家又当不成了。我推辞了一上午，说是“不可更改的组织决定”。孙犁看重我，让我起草工作报告，我起草时尽量和稀泥，王昌定还是有意见。这个报告最后由我在大会上朗读。第一天的会上，袁静、蒋子龙发言，他们各自做了自我批评，表示和好了。此次会议选举的结果是我当选为理事，得票最多的是孙犁，其次是鲁藜，位居第三的则是我。在选举作协领导班子时我当选为副主席，市委任命我为党组副书记，主持党组日常工作。

1981年成立天津市美学学会时，市委理论组的吴火动员我参加，我当选为美学学会的会长。

1982年6月我应邀去东北讲学，回来后出席中国作协的工作会议。这一年的8月19日，我又应邀参加农垦部组织的作家访问团访问新疆，足迹遍及乌鲁木齐、石河子、伊犁等地，到9月28日才返回。一个多月的行程，饱览了北疆的风土人情，大开眼界，也收集了不少的写作素材，收获甚丰。回来后写了《沙枣花》和长篇小说《盲流》。接着在11月份又去海南采风，到12月初才返回，旋即写了中篇小说《神秘果》。

我的《风诗名篇新解》将在今年的10月份，由河南中州书画社出版。这是我探索着用新的观点诠释《诗经》的一部著作，仅仅收录了十几篇，还有很多篇有待诠释。为了这项工作，我前后付出了18年的断断续续的努力，摘录的卡片就有两纸箱子。

我的短篇小说《芨芨草》于1982年先后获得全国优秀短篇小说奖和天津市优秀作品奖之后，更让我受到鼓舞。

1983年1月，《天津日报》的邹明建议我写中篇小说《动人的情思》。还编了一本美学及文学评论集《一粟集》，15万字，书名的意思是：个人之微小如同沧海之一粟。今年10月将由花城出版社出版。

1982年除了几次参加作家访问团深入生活外，大部分时间用于撰写《庚子风云》第二部，完成了51万字，已经竣稿，在四月底就能修改完毕，交给出版社。

回想起来，我这么多年搞得很杂，我曾戏称自己是在文学创作和理论研究上的“两栖动物”，在我发表的350多万字的作品中，文艺理论批评和研究著作约占一半。这固然与我从学生时代就兴趣广泛、涉猎面宽有关，可以说既有客观原因，又有主观因素。我喜欢创作，也喜欢理论研究。我很仰慕“五四”时代的作家，他们知识渊博，理论素养很深，创作很有成就。我有意识地向他们学习，但更主要的还是客观环境所致。50年代初，我在创作的同时，也写了一些评论，被视为文艺理论批评的“新生力量”，此后，报刊编辑部相继约稿，写了不少理论批评文章。后来下放到农村后，收集到义和团的资料，又产生了创作再现义和团历史的小说。60年代在市文联文学研究所期间，担负的职责就是理论研究。这就使我更无法摆脱“两栖”生活了。从1962年就拿出《庚子风云》30万字的初稿，到1965年又写了第二部的大部分，已经无法放弃了。“文化大革命”爆发时，我将原稿和资料藏了起来，就是担心遭到劫难。而在白天则是在文研所钻研《诗经》和“艺术的起源”，积累卡片12000多张，读书笔记百余万言。可是到50岁时，才觉得有些吃亏了，犯了“四面出击”的错误。我从60年代搞的《艺术的起源》，写出了20万字，发表了六万多字，还有一半没有写完；我写《庚子风云》前后花了20年的工夫，计划中的四部，现在只出版了两部，第三部只是写了一部分；我们编《鲁迅年谱》花了6年的业余和部分工作时间，虽说存在着局部的缺憾，但总算在当时来说是一部较为全面的《鲁迅年谱》，还获得了天津市哲学社会科学二等奖。22年的侘傺生涯已经是无可挽回了，现在必须下决心收缩战线，主要精力用于《庚子风云》这部著作，当然也要挤时间将《艺术的起源》写完，还有出于作家的责任，也要配合任务写点作品。老实说，我的确兴趣十分广泛，文学创作我写诗歌（包括古典诗歌）、散文、小说（包括短篇、中篇、长篇和微型小说）、戏剧，不可谓不广；在理论研究领域，我涉及古典文学、现代文学、美学、政治经济评论等几个方面，难怪上海《文学报》在一篇评介我的文章里称我是文坛上的“多面手”，还有的文章称我是“作家兼学者”的“作家学者化”的典型代表。

今天，《鲁迅年谱》《风诗名篇新解》已经出版，沾满油墨气味的《庚子风云》第一部也摆在案头之时，我可以说是悲喜交集，感慨系之。最大的感慨，就是觉得韶光无可牵挽，历史颇似螺旋。50年间，我不过是交错地在读有形的和无形的两部大书而已。少年时意气方遒，曾幻想写出几本对读者有益的“有形的书”。现在看来成绩是如此暗淡。若同1957年我那些“难兄难弟”相比，是要感到汗颜的。我是个普普通通的文学工作者，少年时幻想写出几本有益的书，迄今仍未达到目的。其原因一是才力有限，二是花在读“无形的书”的时间太长了。但对这两点我并不懊悔。我希望再有20年的寿命，以便再干出点事情来。我深信：辛勤的蜜蜂把花粉采足，总会酿出一团蜂蜜来的。

记录者附言：

此文根据鲍昌口述的记录稿整理而成，基本上忠实于口述的原生态，但涉及口述时前后重复或顺序略有颠倒的事件，根据时序做了必要调整或归并；为了保持口述历史的背景清晰，对个别的背景资料适度补充，以便使读者理清历史的来龙去脉。

据笔者的初步统计，鲍昌同志截止到1983年已发表新诗62首、旧体诗6首；短篇小说13篇、中篇小说5部、长篇小说3部；报告文学11篇；歌曲6首（含作词及作曲）；剧本9部（其中有2部没有发表）；杂文与散文65篇；文学评论33篇，文艺理论及美学研究25篇，古典文学研究27篇；创作谈12篇；政治经济学评论6篇；出版的单行本8部；累计字数300多万言。

据笔者2015年整理此“口述历史”之后，根据现存剪报或手稿资料初步统计：

鲍昌的诗歌总计为347首（其中新诗41首，1950年代创作的草原诗30首，1980年代创作的新诗11首，附注：1950年代鲍昌的新诗创作、发表的数量远远超过这个统计数字，1957年作者自选的《草原诗抄》《海河诗抄》因被打成右派而夭折，诗作大多散佚，还有几首已发表的诗作没有找到剪报）；旧体诗词306首，按其题材类型分，解放诗124首（其中旧体诗114首、词10首）、京城诗14首、下放诗15首（其中旧体诗9首、词曲6首）、壮游诗142首（其中旧体诗118首、词23首、联语1副）、杂感诗11首（其中旧体诗10首、词1首）。

小说，长篇小说3部（《庚子风云》第1、2卷，《盲流》）；中篇小说5部（《神秘果》《动人的沉思》《祝福你，费尔马！》《昴星团之歌》《三月—四月》）；短篇小说集2部（《复工》《动人的沉思》）；小说集1部（《祝福你，费尔马！》）；散文集1部（《鲍昌散文》）；微型小说集1部（《美人鱼的期待》）；剧作集1部（《为了祖国》，包含《为了祖国》《难逃法网》《除夕之夜》《这是时候了》《血染的友情》等5个独幕剧）。

理论著作，诗经研究集1部（《风诗名篇新解》）；文艺理论集及杂文集2部（《一粟集》《二觉集》）；工具书3部（《鲁迅年谱》上下卷，与邱文治合著，《文学艺术新术语辞典》）；文艺时评集《批判胡风反动文艺思想》。

鲍昌创作年谱简编

1930 年（庚午年）1 岁

1 月 21 日（己巳年十二月二十二）生于沈阳。

父亲鲍咸清，生于 1896 年，师范毕业后，考上保定陆军军官学校，毕业后在张学良部下担任少校参谋。1928 年结婚，1930 年生第一个儿子鲍昌，以后还生有鲍晶、鲍晟、鲍昆三个儿子。1972 年 1 月 30 日无疾而逝，享年 76 岁。母亲李园，字芳序，1910 年出生于辽宁本溪的一个地主家庭。毕业于沈阳市的一所女子高中，于 2000 年 11 月在北京无病而终，终年 90 岁。

1935 年（乙亥年）5 岁

鲍昌父亲请来能仁寺胡同里的前清秀才王文清老先生为其“开蒙”，教他学《三字经》《百家姓》《千字文》《名贤集》《千家诗》。

1936 年（丙子年）6 岁

9 月初　进入北平师范附小（后为西城区宏庙小学）读一年级。

10 月下旬　在母亲订阅的《良友画报》上看到上海市民为鲁迅送葬的图片，鲍昌问母亲：鲁迅是谁？母亲告诉他，鲁迅是一位很受大家喜欢的文学家。从此，鲁迅的名字便印在他幼小的心灵里。

1937 年（丁丑年）7 岁

7 月 7 日　卢沟桥事变，日本军队占领北平。面对随风摆动的太阳旗，他心里滋生了民族耻辱感。

1938 年（戊寅年）8 岁

9 月　读小学三年级，开始上作文课，激发了对文学的兴趣。

1939 年（己卯年）9 岁

开始阅读家藏大东书局印行的《三国演义》《水浒传》等中国古典小说。

1940 年（庚辰年）10 岁

读五年级时，鲍昌将一篇作文《秋夜》投给北平教育局主办的少儿刊物《小朋友》，并顺利刊登。这是他发表的处女作。

1942 年（壬午年）12 岁

9 月 1 日　开始读初中一年级。辅仁大学附属中学设有奖学金，每周还有五节英语课，鲍昌以优异成绩被录取到这所学校。

1943 年（癸未年）13 岁

6 月底　初中一年级的第二学期，在期末考试中他名列全年级第三名，此后享受免缴学费的待遇。

此间，开始学习写旧体诗，在一首诗中写道：

> 青鹰傲空角，
> 白虹行日周；

万里挟奇物，
披风列殿游；
呵斥如雷动，
挥刃若光流；
奇计虽不中，
一笑成楚囚。

还在另一首诗中写道：

明纛飞门外，
与子共赴仇。
磨骨长城窟，
漂尸深海沟。
从容忘生死，
乃在家国忧。

这些诗句，虽说模仿了阮籍、左思和刘琨的诗作，但的确是以他人的酒杯浇自己的块垒，表达了少年志壮的雄心与抱负。

1944年（甲申年）14岁

3月　读初二下学期时，通过读书他逐渐学会独立思考，开始产生了用自己的笔表达自己心声的欲望。他自己编一期壁报，把自己的思想、观点表达出来。为此，他节约家里给的生活费，攒钱买纸、笔和糨糊，用了不少的笔名写了不少的文章，有政论，有散文，还有类似《苏武牧羊》、岳飞《满江红》那样的慷慨激昂的诗词。在一个星期天他将这期壁报贴在学校的穿堂里。第二天，他刚到学校就被训育主任叫到办公室。训育主任并没有怎么批评他，只是说："你还太小，不懂大人的事，以后不要再干了。"这期表达他心声壁报的流产，他总觉得不心甘，特别是训育主任并没有严厉地批评他，更加助长了他伺机东山再起的决心。

1945 年（乙酉年）15 岁

12 月　他和几个同学秘密组织了一个社团，取名“北国青春学会”，还办了一个八开版油印小报《反攻》。

这段时间他学习写作旧体诗词，将写成的几十首旧体诗词用蜡笔刻印成一本 64 开本的诗集《北国青春吟草》。

1946 年（丙戌年）16 岁

1 月　他决定在 1946 年他的生日那天（1 月 21 日）投奔解放区。临行的头一天晚上，他给父母和学校编壁报的同学各写了一封信，说要到“山那边”的自由天地去，发信地址写的是护国寺附近的一个胡同名“万花深处”。

1 月　离京前写旧体诗《夜歌》。

1 月 21 日　清晨，鲍昌将写好的两封信塞进路边的邮筒，就径直到西直门火车站，登上了西行的火车。

1 月 22 日夜　抵达解放区后写旧体诗《火神庙》。

1 月 23 日　鲍昌到位于张家口东山的华北联合大学报到，因文学系名额已满，服从组织分配到音乐系。音乐系主任是李焕之。

1 月 23 日　写旧体诗《张家口》。

6 月　写旧体诗《初读“共产党宣言”》《读延安版〈甲申三百年祭〉》。

6—7 月　写旧体诗《联大生活剪影》。

7 月　联大全体师生下乡搞土地改革。鲍昌被分配到山西省的天镇县搞土改。入乡后写旧体诗排律《飏野鬼》《民歌手》《在天镇县以“点大火”方式搞土改》《武装土改至天镇县杨和塔遇反革命土匪狙击未死有咏》。

8月5日　写旧体诗《别三十里铺》。

8月13日　写旧体诗《庆翻身晚会》。

8月28日　写旧体诗《自卫战争开始》。

9月8日　写旧体诗《复遭地主黑枪咏志》。

9月　国民党的军队向张家口一带发起进攻，华北联大处于危机之中，校部奉命准备沿着下花园向南撤退。

10月10日拂晓　联大的撤退队伍从下花园往南撤退。男学员负责运输辎重，鲍昌与另一名学员押着一辆大车，夜行晓宿，向太行山区行进。

10月19日　写《卜算子·自广灵护送辎车至灵丘》。

10月28日　写旧体诗《行军轻装弃书后作》。

10月29日　写旧体诗《独山城》。

10月30日　写旧体诗《走马驿》。

10月31日　写旧体诗《过太白山远眺平型关》《倒马关》。

11月1日　写旧体诗《军城晚秋》《谒白求恩墓放歌》。

11月4日午夜　写旧体诗《过平汉路》。

11月17日　写旧体诗《破交谣》。

1947年（丁亥年）17岁

1月4日　写《南乡子·田孩同志过访有感》。

1月　写旧体诗《书诗集“大堰河”后》《天下黄河多少湾》《参加十一分区地雷爆炸演习》。

1月21日（除夕）　写旧体诗《除夕》。

2月5日　写旧体诗《击鼓行》。

2月13日　写旧体诗《位伯夜话》。

3月　联大校部1000多名师生历经5个多月的跋山涉水，来到束鹿县辛集镇，分别驻扎在大李庄、小李庄等几个村子。音乐系住在小李庄。写旧体诗《大生产小调》。

4月30日　写旧体诗《“冀中导报”载晋南全部解放立占七绝》。

4月　写旧体诗《从军歌》《孟良崮大捷》。

本年春季　写旧体诗《读书有感》。

5月24日　写旧体诗《报载京沪平津“反饥饿、反内战”游行有感》。

7月　写旧体诗《闻刘邓大军强渡黄河》。

8月1日　在小李庄简陋的小天主堂里，鲍昌等一批被批准为共产党员的学员向党旗宣誓，光荣地加入共产党。在晋察冀边区倡导立功运动中，他们单位有十位同志立了功，他是其中之一。写旧体诗《入党誓语》。

8月23日　写旧体诗《立功后作》。

9月　写旧体诗《观华北解放军某部军事演习》《参加平分土地工作》。

9月　平山会议后，联大的师生根据中央的指示精神都下去搞土改。鲍昌所在的土改工作队负责束鹿县的四个村庄的土改工作，队长是贾克。

10月上旬　写旧体诗《斥贾姓地主》。

11月20日　写旧体诗《欢呼石家庄解放》。

1948年（戊子年）18岁

2月　写旧体诗《戊子除夕二十韵》《解放辽阳、营口口号》。

3月　写旧体诗《送田玉景参军》《喜闻延安收复》。

4月　写旧体诗《春寒三首》。

4月20日　写旧体诗《别李家三父女》。

5月　写旧体诗《正定大佛寺战后萧条感赋二十韵》《听李波唱“翻身道情”》。

6月　写旧体诗《渡滹沱河》《读“在延安文艺座谈会上的讲话”》《解放开封》《苏联小说“铁流”读后》《“钢铁是怎样炼成的”读后》。

7月　写旧体诗《诗论诗》(6首)《目击蒋机轰炸石市》。

7—8月　写旧体诗《纱厂女工歌》。

9月　写旧体诗《避警夜过井陉》《硫磺厂夜景》。

10月　写旧体诗《闻锦州攻克大喜，口占一绝以嘲蒋匪》《长春解放》。

11月　写旧体诗《长相思》(二首)《狂欢欢庆东北全境解放》。

11月初　周巍峙带着王昆和鲍昌到山西阳泉县体验生活，他们的任务是访贫问苦，搜集民歌，以便为进一步发展新的戏剧音乐运动，提供原生态的民歌资料。

11月20日　写旧体诗《早发藁城》。

11月23日　写《江城子·有寄》。

11月25日　写旧体诗《武强道中，人教予辨认路畔车前草、王不留行草等药用植物，漫咏一绝》《河间民谣》。

11月27日　写旧体诗《白洋淀记事》。

11月底的一天夜里　接到上级紧急通知，要鲍昌与艾文会同志一起到河北霸县的胜芳镇报到。

12月3日　写旧体诗《夜宿雄县》。

12月4日　写旧体诗《新镇行军道中》。

12月5日　写旧体诗《胜芳集训》。

12月中旬　鲍昌和艾文会步行十七八天，行程七八百里，到了霸县胜芳镇。鲍昌被分配到天津市军事管制委员会文教委员会文艺处。

12月20日　写旧体诗《张家口光复》。

1949 年（己丑年）19 岁

1 月 2 日　写旧体诗《学习新华社社论“将革命进行到底”》。

1 月 5 日　写旧体诗《喜闻我军包围北平》。

1 月 10 日　写旧体诗《淮海战役大捷》。

1 月 12 日　写旧体诗《自胜芳至杨柳青途中》。

1 月 14 日　写旧体诗《乘铁甲车进军天津》。

1 月 15 日中午　在胜芳镇待命的人员接到通知：天津已经解放，并下达命令整理行装，连夜转移到天津的杨柳青镇。

1 月 16 日　鲍昌和群众剧社的厉田同志打前站直奔天津市，天亮时赶到了天津西营门，然后到迪化道（今鞍山道）的青年馆报到。天津市军管会文教部长黄松龄召集了“宣传队长会议”。决定将进入天津的演出团体编为五个宣传队。鲍昌属于北平的出城学生，被分配到第三宣传队，队长是何迟。他未来的爱人亚方也是北平出城的学生，也编入第三宣传队。只是他们当时尚未相识。

2 月 3 日　写旧体诗《北平入城式》。

2 月 20 日　写旧体诗《至天津钢厂演出》。

3 月 26 日　写旧体诗《中纺二厂》。

4 月 8 日　鲍昌开始发表作品，在《天津日报》文艺版发表诗歌《我的母亲》，副标题为“农村散歌之二”，署名白桦树。不久，将 1947 年联大在太行山区转移时写的一首《这就是太行山》，加了个副标题“农村散歌之一”，署名白桦树，在《天津日报》发表。

4 月 25 日　写《百字令 · 南京解放用萨拉都刺“百字令”原韵》。

4 月 26 日　写《鹧鸪天 · 太原解放》。

在《天津日报》上发表诗歌《仇恨——记一个解放军战士的南下誓言》。

5 月 17 日　写旧体诗《第四野战军解放武汉感赋一律》。

5月21日　写旧体诗《西安解放口号》。

5月27日　写旧体诗《西江月·上海解放》。

5月　鲍昌担任第三宣传队戏剧组组长。他们的任务是排练秧歌剧、活报剧，到街头演出，宣传党的政策，也将解放区的文艺风尚带给市民们。

6月19日　鲍昌在《进步日报》上发表《给毛主席捎句话吧！》。

6月27日　写《满江红·归家示父》。

6月30日　写《贺新郎·赠弟》。

7月　天津市军管会文艺处决定，第三宣传队并入华北群众剧社。社长王雪波，副社长王莘、何迟，指导员赵冀平。

7月2日—19日　“中华全国文学艺术工作者代表大会”在北京中南海怀仁堂举行。鲍昌作为大会的工作人员参加了这次文代会。会议期间见到了很多在解放区和国统区很有名望的作家、艺术家，他很受鼓舞，激动地写了首表达自己心愿的旧体诗：

五四劈开新文苑，
文艺革命征途远。
路线纠谬有斗争，
笔作刀锋战鹰犬。
“选学妖孽”长已矣，
洋人掮客亦寒蹇。
鲁迅迎风擎大旗，
筚路蓝缕殊勤勉。

7月3日　写旧体诗《列席第一次全国文代大会畅怀》。

7月6日　写旧体诗《听毛主席讲话》《听周副主席报告有感》。

8月8日　写旧体诗《天津解放记事》。

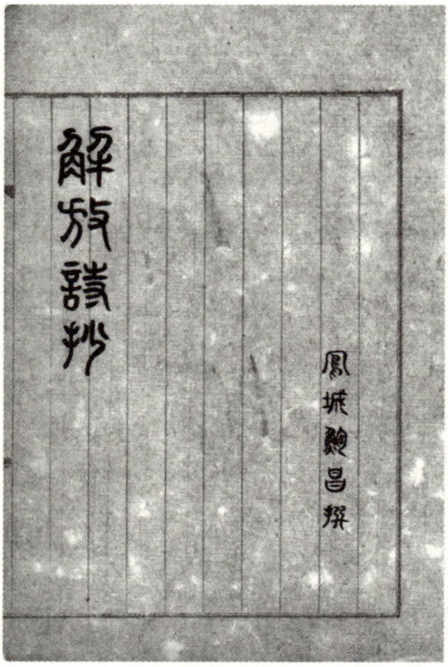
解放詩抄

鳳城鮑昌撰

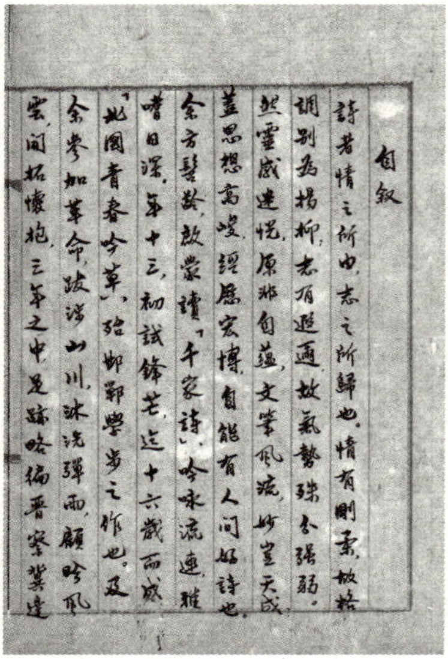
自敘

詩者情之所由，志之所歸也。情有剛柔，故格調别爲楊柳；志有遐邇，故氣勢殊各强弱。然靈感迷恍，原非自蘊，文筆風流，妙豈天成。蓋思想高峻，經歷宏博，自能有人間好詩也。余方髫齡，啟蒙讀「千家詩」，吟咏流連，雖嗜日深，年十三，初試鋒芒，迄十六歲而成「北國青春吟草」，殆邯鄲學步之作也。及余參加革命，跋涉山川，沐浴彈雨，顧吟風雲，開拓懷抱，三年之中足跡略徧晉察冀邊

9 月 14—17 日　天津市举行第一届文学艺术工作者代表大会，产生了“天津市文学艺术界联合会”，选出委员 37 人、候补委员 10 人。钱杏邨（阿英）任主席，李霁野、白云鹏任副主席。接着成立了“文艺工作者协会”，钱杏邨担任会长。

10 月 2 日　写旧体诗《狂欢欢庆开国大典》《天安门之夜》。

10 月 3 日　写旧体诗《天安门前旗杆》。

11 月 4 日　在《天津日报》上发表诗歌《祖国颂歌》，署名白桦树。

12 月 6 日　在《天津日报》上发表鲍昌作词作曲的歌曲《世界工人是一家》。

1950 年（庚寅年）20 岁

1 月　以群众剧社为基础组建天津市音乐工作团，王莘为团长，曹火星为副团长，鲍昌担任指导员。

3 月 13 日　创作歌曲《女工解放小唱》，由艾文会作词，鲍昌谱曲，发表在《进步日报》副刊版。

9月15日　“音工团”团长王莘和鲍昌到北京为“音工团”购置设备。在途经天安门广场时，瞻仰了金碧辉煌的天安门，尤其是在蓝天的映照下，高高飘扬的五星红旗，更让鲍昌激情满怀。傍晚乘上火车返程时，火车伴随着进行曲的旋律轻轻启动，鲍昌感到激情难抑，随手从列车小桌上将刚刚吸完烟的烟盒拆开，掏出自来水笔，一挥而就了四句诗：

五星红旗迎风飘扬，
胜利歌声多么嘹亮；
歌唱我们亲爱的祖国，
从今走向繁荣富强。

写完后，他将烟盒递给坐在对面的王莘团长。几天后，王莘在他的四句诗的基础上增加了三段副歌，谱写成《歌唱祖国》这首歌曲，以鲍昌词、王莘曲发表。1951年9月15日《人民日报》公布文化部国庆推荐歌曲时，这首歌的署名为“王莘词曲”。

11月3日　在《天津日报》发表诗歌《家——农村散歌之三》，署名白桦树。

11月17日　在《天津日报》发表剧本《这是时候了》，收入剧本集《为了祖国》，上海晨光出版公司1951年版。

12月1日　在天津市文协主办的《文艺学习》第2卷第5期（1950年12月1日出版）上发表诗歌《祖国，你听我向你倾诉心愿》和《荣誉是属于谁的》，署名白桦树。

在《文艺学习》第2卷第5期刊载《在天津市诗歌工作者座谈会上鲍昌的发言》。

12月7日　在《天津日报》发表政治评论《反对妥协、媚美思想》。

本年　在《天津日报》发表诗歌《所有的光荣属于你们——为

朝鲜人民军中国人民志愿军礼赞》，署名白桦树。

1951年（辛卯年）21岁

1月28日　在《天津日报》发表独幕喜剧《除夕之夜》，收入剧本集《为了祖国》，上海晨光出版公司1951年版。

1月29日　在《人民日报》发表政治论评《美国人民的抽血机——评杜鲁门今年的经济咨文和预算咨文》。

2月14日　在《天津日报》发表政论《没有中苏友好就不能保障远东和平》。

2月28日、3月1日　在《天津日报》发表国际综述《美国的黑人》。

3月2日　在《天津日报》发表《谁是种族歧视的倡导者与组织者？》。

3月　发表歌曲《红五月联唱》（与张学新、艾文会合作）中国音协天津分会印行。

5月1日　鲍昌被评为天津市文艺工会一等劳模。

5月22日　在《进步日报》发表经济述评《土豆畅销后的一个急迫问题》。

6月15日　在《人民日报》第2版头条发表论文《武训到底是为谁服务的？》。

7月　鲍昌带领“音工团”赴太行山区慰问演出。回津以后，根据文化部全国文工团会议精神，天津市的几个剧团合并为天津人民艺术剧院，方纪兼任院长，王雪波、王莘、何迟任副院长，鲍昌担任办公室主任兼剧院党支部书记。当时，他还兼任天津市人民政府机关团总支书记、天津市文化系统团总支书记和文化局党总支的青年委员。

在大众书店印行的《街头诗集》发表诗歌《感谢共产党》，署名白桦树。

1953 年鲍昌在朝鲜和志愿军战士合影

7 月 25 日　上海晨光出版公司出版剧本集《为了祖国》，收入剧本《这是时候了》《除夕之夜》《为了祖国》《难逃法网》《血染的友情》等 5 部。这个剧本集是上海晨光出版公司出版的“工厂文艺写作丛书”的一种。这套丛书是阿英（钱杏邨）主编的。

8 月 5 日　在《天津日报》发表由艾方（鲍昌）作词、何振京谱曲的歌曲《在祖国的岗位上》。

9 月 23 日　在《天津日报》发表独幕喜剧《国庆节的献礼》。

10 月 1 日　鲍昌与亚方结婚。亚方原名刘亚兰，四川宜宾人，1928 年生。1948 年参加革命，肄业于北京大学西语系。当时集结在胜芳镇的平津学生很多，在分配入城的名额时，领导号召北平出城学生支援天津。亚方立即跨出队列，被编入进入天津的队伍。

本年　在《天津日报》发表诗歌《枣花开的时候——农村散歌之四》，署名白桦树。

1952年（壬辰年）22岁

1月13日　在《天津日报》发表独幕剧本《“我坦白了！”》。

2月24日　在《天津日报》发表独幕剧本《不能让他逃走》。

5月1日　在《天津日报》发表诗歌《来呀！来呀！工人同志们！》。

5月　创作独幕话剧《国庆节的献礼》。

5月24日　在《天津日报》发表《学习的几点体会》，这是为纪念毛泽东在延安文艺座谈会上的讲话发表10周年而写的学习体会。

7月21日　在《天津日报》发表小说《复工》。作家周立波来津辅导文艺创作时，恰好这篇小说发表，周立波读后给予好评，鼓励他再接再厉。

11月20日　在《天津日报》发表《一点深刻的感触——看“苏联红旗歌舞团”的演出》。

12月4日　在《天津日报》发表《民族戏曲遗产的丰富宝藏——介绍“全国戏曲观摩演出大会中南区代表团”的演出》。

12月30日　在《天津日报》发表《迎接“曙光照耀着莫斯科”的上演》。

本年　在“三反”“五反”运动中，鲍昌到天津店员工会深入生活，与该工会的业余作者一起创作了《打虎战役》和《千两黄金》（由鲍昌执笔）等两个剧本，演出后社会反响不错，只是剧本都没有出版。

1953年（癸巳年）23岁

2月14日（农历正月初一）　生女儿露滋。名字源自唐代诗人张九龄的《望月怀远》中的“灭烛怜光满，披衣觉露滋”，1955年儿子出生时取名“光满”。

3月　短篇小说《复工》由工人出版社出版。

5月4日　五四青年节时天津市团市委通令表彰鲍昌为模范团员。

10月下旬　参加第三届中国人民赴朝慰问团。他所在的第一分团到朝鲜东线，慰问第20兵团的志愿军。

12月15日　从朝鲜返回天津。

本年　在《天津日报》发表诗歌《所有的光荣属于你们——为朝鲜人民军和中国人民志愿军礼赞》，署名白桦树。

本年　在《天津日报》发表诗歌《激情歌唱——庆祝我国第一个五年计划》，署名谷梁春。

本年　写旧体诗《沁园春——1953年登轿岩山有感》。

1954年（甲午年）24岁

1月初　鲍昌带领天津歌舞团先后到内蒙古乌兰察布盟和伊克昭盟慰问勘探队。

1月　写诗歌《短诗两首》：《给包头》《暴风雪在冲击着包头》。

1月20日　在《天津日报》发表散文《我们在朝鲜前线》，署名李兰陵。

2月11日　在《天津日报》发表散文《王贵》，署名李兰陵。

3月18日　在《天津日报》发表散文《任务》，署名李兰陵。

3月　写诗歌《大青山上望包头》。

4月　天津人民艺术剧院改组，实行独立建制的话剧团和歌舞团，鲍昌在歌舞团担任副团长。

4月27日　在《天津工人日报》发表《深厚的友谊，卓越的艺术》。

5月13日　在《天津日报》发表诗歌《寄越南人》，署名白桦树。

5月　写诗歌《登埫包山》及《勘探队杂诗》（二则）：《走西

口》《在风沙里》。

6月　写诗歌《物探队员》。

7月　写诗歌《在伊克昭盟的沙包子里》。

10月3日　在《天津日报》发表诗歌《每天夜里我瞭望着北京》。

10月7日　在《天津日报》发表诗歌《乌梁素海上的天鹅》。

10月　写诗歌《在牧民杨林片尔家喝奶子酒》《我们是一个多么友爱的集体》。

11月　写诗歌《再见吧，草原》。

11月18日　在《天津日报》发表散文《铁——勘探队记事》。

12月9日　在《天津日报》发表散文《在草原上——勘探队记事》。

12月30日　在《天津日报》发表诗歌《拟蒙古情歌二首》:《在草原上我跨上我那匹走马》《相会》。

本年从4月到10月，到内蒙古白云鄂博241地质队体验生活。归来后利用业余时间以每天六千字的速度创作了一部反映地质勘探队生活的50多万字的长篇小说《青青的草原》。

1955年（乙未年）25岁

1月21日　在《人民日报》发表《我们必须和胡风的文艺思想划清界限》。

2月3日　在《天津日报》发表诗歌《勘探队杂诗》三首:《在牧民杨林片尔家喝奶子酒》《我们是一个多么友爱的集体》《帐篷》。

2月24日　在《天津日报》发表《关于胡风在民族文艺遗产问题上的错误的两点批判》。

3月3日　在《人民日报》发表《1955年批判胡风哲学思想上的主观唯心论》。

3月　在《天津日报》发表诗歌《同志们，警惕起来》，署名谷梁春。

6月23日　在《天津日报》发表诗歌《我爱内蒙》。

6月　写诗歌《内蒙即景》:《后套风光》《西望阿拉善》。

7月　为加强反胡风运动的深入发展，市委批准市文联组建新的党组，由方纪、孙犁、王林、陈因、张学新、马达和鲍昌组成。鲍昌属于破格提拔，在党外的职务是文联副秘书长。

8月27日（农历七月初十）儿子鲍光满出生。

8月29日　在《天津日报》发表诗歌《寄给收复果阿的印度人民》。

9月8日　在《天津日报》发表《友谊和艺术的花朵——南斯拉夫“科罗”民间歌舞团观后》。

12月15日　在《天津日报》发表诗歌《勘探队杂诗》两首:《在伊克昭盟的沙包子里》《现在，黑夜已经降临……》。

12月29日　在《天津日报》发表诗歌《勘探队杂诗》两首:《走西口》《在风沙里》。

同日　在《天津日报》发表诗歌《嘉兴市南湖》。

本年　相继在《天津日报》发表诗歌《山丹丹花》《登埼包山》《再见吧，草原》，均署名谷梁春。

1956年（丙申年）26岁

1—3月　在全国农业合作化高潮到来之际，鲍昌被抽调到天津市东郊杨家场乡搞合作化运动。

2月　被接受为中国作家协会会员。

3月15—30日　出席全国文学青年创作会议，张学新为领队，鲍昌为副领队。茅盾在报告中提到理论批评界卓有成就的年轻人时提到鲍昌。会议结束前大会通过的给党中央的致敬电，便是鲍昌和邵燕祥共同起草的。

3月22日　在《天津日报》发表诗歌《内蒙即景》两首:《后套风光》《西望阿拉善》。

4月初　从农村奉调回津，参与筹办文学刊物《新港》，其含义为“欢迎青年作家到《新港》来靠岸”，此刊名为鲍昌所拟。

4月11日　在《天津日报》发表《话剧〈在康布尔草原上〉观后》。

4月12日　在《天津日报》发表诗歌《短诗》两首：《给包头》《暴风雪在冲击着包头》。

4月　修改诗歌《离别》。

5月4日　在《天津日报》发表《小茴香》。

5月17日　在《天津日报》发表诗歌《大青山上望包头——一个勘探员的话》。

6月27日　在《天津日报》发表《从“满城十五贯”想起的》。

6月　在《文艺报》第12期发表《争取提高一步——评天津市工人作者的创作》。

7月1日　《新港》创刊，经孙犁推荐鲍昌担任编辑部主任和常务编委。鲍昌为《新港》撰写《创刊词》，发表于创刊号。

在《新港》7月号（创刊号）发表《“百家争鸣”随感》和《关于“距离”》。

8月　修改诗歌《呼和浩特》《毕克齐小镇》《昭君墓》《春天来到鄂尔多斯》。

8月1日　在《新港》8月号（第2期）发表《“笑料”》。

8月16日　在《天津日报》发表诗歌《离别》。

8月23日　在《天津日报》发表《新秋小集》。

8月27日　在《天津日报》发表诗歌《给埃及》。

8月31日　在《人民日报》发表《“家法”与“国学”》。

9月1日　在《新港》9月号（第3期）发表《海外文坛杂感》。

10月1日　在《新港》10月号（第4期）发表《鲁迅——反对帝国主义殖民者的忠贞战士》，此文是鲍昌研究鲁迅思想的最初尝试。收入《一粟集》（美学·文艺论文集）花城出版社1983年

10月出版。

10月15日　在《天津青年报》发表《鲁迅和青年》。

10月18日　在《人民日报》发表诗歌《给印度尼西亚》。

10月　中国作协召开“全国文学期刊工作会议”，集中讨论如何贯彻毛泽东提出的“百花齐放，百家争鸣”的方针，鼓励文艺界放开手脚，大胆鸣放，促进文学创作的繁荣。会上，鲍昌担任华北组的组长。周扬当时找到他，要他大胆放手地实行“双百”方针，继续鸣放。

10月　修改诗歌《蒙古刀赞》。

11月19日　在《人民日报》发表诗歌《埃及，埃及……》。

12月1日　在《文艺报》第12期发表《争取提高一步——评天津市工人作者的创作》。

12月　修改诗歌《感谢》。

本年　天津通俗出版社出版《批判胡风集团反动文艺思想》（第一辑，收入鲍昌批判胡风文艺思想的论文7篇）。

本年　相继在《天津日报》发表诗歌《感谢》《车过官厅》，均署名谷梁春。

1957年（丁酉年）27岁

1月1日　在《新港》发表《感谢、决心和希望》。

1月3日　在《人民日报》发表《童心》。

1月10日　在《天津日报》发表诗歌《内蒙小诗》五首：《呼和浩特》《毕克齐小镇》《昭君墓》《五当召的春天》《春天来到了鄂尔多斯》。

1月13日　在《人民日报》发表《理发有感》。

1月　开始休4个月的创作假。

2月12日　在《人民日报》发表《题材的冷门》。

2月　在《新港》2月号发表《典型问题商榷》，收入《一粟集》

（美学·文艺论文集）花城出版社 1983 年 10 月版。

3 月中旬　鲍昌与张学新去北京出席中央宣传工作会议。

3 月 28 日　在《天津日报》发表诗歌《燕子矶下望长江》。

4 月 9 日　在《语文学习》第 4 期发表《西戎的〈宋老大进城〉》。

4 月 26 日　在《天津日报》发表诗歌《献诗——献给伏罗希洛夫主席》。

4 月 29 日　在《天津日报》刊载《百家争鸣座谈会上鲍昌发言》。

5 月 1 日　被评为天津市劳动模范。

5 月　在《新建设》5 月号发表《论美感·美及其它》，收入《一粟集》（美学·文艺论文集）花城出版社 1983 年 10 月出版。

在《萌芽》第 9 期发表《可笑的“聪明”》。

在《新港》5 月号发表《全面看待生活和文艺现象》。

修改诗歌《鹰赞》。

6 月 6 日　在《天津日报》发表诗歌《在京包快车上》。

6 月 14 日　在《天津日报》发表《文人的笔杆》。

6 月 29 日　在《天津日报》发表《何谓“庸人自扰”》。

6 月下旬　按照中共天津市委的部署，天津市文艺界开始了反“右派”政治运动。

6 月　修改诗歌《车过官厅》。

在内蒙古文联主办的《草原》杂志第 6 期发表诗歌《物探队》。

7 月 18 日　在《天津日报》发表《含有辛酸的快乐——看了日本电影〈缩影〉后的杂感》。

7—8 月间　到北戴河疗养。

7 月 28 日　在《新晚报》发表诗歌《草原上有无数落霞》。

8 月　在《萌芽》第 16 期发表《个人的浅见》。

10 月　在《群众音乐》发表歌曲《北京颂》，鲍昌作词，石夫作曲。

10月　鲍昌被打成右派。

11月　《新港》11月号出版了批判鲍昌的特辑，发表了署名"本刊编辑部"的文章《我们的认识和态度》，作为《新港》与鲍昌划清界限的宣言书。

12月　鲍昌被开除党籍。

本年　鲍昌将近几年到内蒙古深入生活时写的40多首诗编为《草原诗抄》、反映天津生活的《海河诗抄》准备出版，还有50多万字的长篇小说《青青的草原》，以及为上海文艺出版社编的一本评论集《小兵集》，都因被打成右派而搁置，甚至连手稿都没有找回来。

1958年（戊戌年）28岁

1—4月　鲍昌被打成右派后，无职一身轻。几乎天天到图书馆看书，搜集资料，他曾一度想写太平天国的小说。

5月　天津市文联开始下放干部，鲍昌被下放到天津南郊葛沽镇的新房乡。

本年　在津郊新房乡写旧体诗《下放诗草》。

10月11日　写旧体诗《梨园头归来偶成》。

10月19日　写旧体诗《有感》。

1959年（己亥年）29岁

12月　天津市调回了下放干部，将鲍昌等三四个右派转到灰堆附近的双林农场，继续劳动改造。

1960年（庚子年）30岁

全年在天津郊区灰堆附近的双林农场劳动改造。

1961年（辛丑年）31岁

9月30日　鲍昌被摘掉右派帽子，喜极而作旧体诗《摘帽后作二首》。

1962年（壬寅年）32岁

5月　被分配到天津市文联文学研究所理论组，但没有给他具体的科研课题。他便自定选题搞美学，准备写一部探讨“艺术的起源”的著作。他将主要精力用于读书，读了马恩列斯的全集，以及高尔基、别林斯基、车尔尼雪夫斯基和杜博罗夫斯基的美学著作和中国古代、近代的文论。前后两三年间积累了12000多张资料卡片。

10月16日　在《天津晚报》发表《“见”“望”之间》，署名鲍得人。

11月6日　在《天津日报》发表诗歌《公粮》。

11月13日　在《天津晚报》发表《臧仓小人》，署名鲍得人。

1963年（癸卯年）33岁

3月27日　在《天津日报》发表《继承和发扬高尔基的战斗传统——纪念阿·马·高尔基诞生九十五周年》（集体创作，署名文彦理，鲍昌执笔）。

7月17日　在《天津日报》发表《十月革命的伟大歌手——纪念马雅可夫斯基诞生七十周年》（集体创作，署名文彦理，鲍昌执笔）。

9月8日　在《天津晚报》发表诗歌《防汛小诗》两首：《我们是阶级兄弟》《回答》。

10月14日　在《天津日报》发表诗歌《寄给斗争中的美国黑人》。

本年　相继撰写美学论文《关于时代精神的理解》（署名司马

长缨)、《感情能决定艺术创作和美的本质吗——评周谷城先生的〈史学与美学〉》《应该全面而深刻地评价古希腊的抒情诗》等。

1964年(甲辰年)34岁

4月9日　在《天津日报》发表《跟火热的生活一道前进——简评工人作者崔椿蕃的创作》。

5月27日　在《天津日报》发表《根深才能叶茂——和青年业余作者谈谈坚持业余创作的问题》(集体创作，署名文彦理，鲍昌执笔)。

6月20日　在《光明日报》发表《更丰富了，还是更单调了?》。

7月3日　在《天津日报》发表《永远保持战斗的青春——评雪克的小说〈战斗的青春〉修改本》。

8月9日　在《光明日报》发表《如何看待莎士比亚剧作中的鬼神迷信问题——戴镏龄先生〈麦克佩斯〉与〈妖氛〉一文质疑》，收入《一粟集》(美学·文艺论文集)花城出版社1983年10月出版。

9月　在《河北文学》9月号发表《工人作者崔椿蕃的创作特色》。

9月16日　在《天津日报》发表《驯海英雄的颂歌——评短篇小说〈聚鲸洋〉》(集体创作，鲍昌执笔)。

9月17日　在《天津日报》发表《战鼓催开革命花——话剧《赤道战鼓》观后感》(集体创作，鲍昌执笔)。

9—10月间　开始编辑马恩列斯和中央领导人关于文艺言论的资料汇编，到1965年的秋天编选出这本60万字的“汇编”，作为当年突出政治活动的学习资料。此间，鲍昌还编了一本《文艺理论学习资料汇编》，作为内部学习资料。

本年　在阅读中国近现代美学著作时，顾颉刚在《古史辨》中对《诗经》“去伪说，辨真相”的观点使鲍昌很受启发，也很佩服郭沫若、闻一多等用新观点注释《诗经》的做法和胆识，因而他准备将《诗经·国风》进行重新理解和注释，以便匡正以前的荒谬注释。由此，他将研究“美学”（艺术的起源）与《诗经》齐头并进，上班时研究美学，下班后以床为案头研究《诗经》。《艺术的起源》，写出了20万字，发表了六万多字。

1965年（乙巳年）35岁

1月　鲍昌随工作组到天津东郊军粮城的刘台庄宣讲“二十三条”，即《农村社会主义教育运动中目前提出的一些问题》，搞“粗线四清”，直到1966年10月。

8月18日　写旧体诗《青羊宫》。

8月19日　写《拟改望江楼联》。

8月23日　写旧体诗《敬和董必武同志“题红岩村旧居”》（四首）。

8月26日　写旧体诗《酆都早望》。

8月27日　写旧体诗《奉节东眺》。

8月28日　写旧体诗《与若妹同步长江大桥口占》。

8月31日　写旧体诗《泰山孔子登临处》。

1966年（丙午年）36岁

4—5月间　开始批判“三家村”之后，天津市委将宣传部的干部都抽回去，留下鲍昌扫尾，并任命为工作组组长，在农村继续搞“四清”。

10月初　市委调鲍昌回市文联参加“文化大革命”。

10月29日　写旧体诗《散曲套数——群丑会》。

1967年（丁未年）37岁

1月　天津市文联造反组织林立。张继尧组建“红旗兵团”，举旗造反，动员鲍昌参加，他没有答应。

5月　鲍昌加入部分造反组织联合的“造反兵团总部”。不久，王昌定贴出一张《炮打周总理罪责难逃》的大字报，点了鲍昌和赵侃的名。张知行还抓住大字报揭发的内容，要把鲍昌扭送到军管会。因此鲍昌便退出造反组织，成了逍遥派。

1968年（戊申年）38岁

10月　随市文联干部到天津西郊工农联盟农场干校学习、劳动。

1969年（己酉年）39岁

7月　天津市革委会宣布市文联为“砸烂单位”，干部都被重新分配了工作。鲍昌被分配到天津地毯三厂当工人。在《天津日报》工作的妻子亚方也上了干校，被分配到天津造纸四厂当工人。

1970年（庚戌年）40岁

本年　写旧体诗《长夜闻笛》《无题》。

1971年（辛亥年）41岁

在天津地毯三厂劳动。白天当统计员，搞“批林批孔”，晚上回到家就开始为撰写义和团的小说作准备。

1972年（壬子）42岁

5月　写旧体诗《次韵答田景琦》。

本年　在天津地毯厂参与试制“分子筛”。

1973年（癸丑年）43岁

下半年“分子筛”停产后，到第三车间当统计员。

1974年（甲寅年）44岁

在地毯三厂劳动的五年间，鲍昌复萌了创作反映义和团运动的小说《庚子风云》的念头。尽管他自知自己是摘帽右派，写的东西是不容易发表，但他相信古人的“藏之名山，传之后世”的说法，因此将这部书称之为“名山事业”。当年，他曾写了这样一首诗：

北风胡马望南枝，
伏枥雄心未已时。
贾谊踟蹰愁献策，
刘琨起舞愤吟诗。
词林往事谁能语？
故国前途深所思。
关外男儿肝胆烈，
悲歌慷慨告君知。

7—8月间　经吴火举荐鲍昌到天津师院学报资料室工作。到天津师院后仍然被列入“另册”，他写了一首表达当时处境艰难心情的诗：

冻铁凝金筑重城，
幽思如火地中行。
此时翘首森然待，
雁破霜空叫一声。

10月　鲍昌搜集编写《红楼梦大事年表》（1715—1967）发表于《天津师院学报》1974年试刊第1期。

开始担任学报中文组编辑，曾去唐山组稿。

1975年（乙卯年）45岁

7月　天津师专中文系教师邱文治编写了一部四万字的《鲁迅年谱》，投给学报编辑部。鲍昌觉得这部《年谱》有基础，但不完善，于是向学报领导申请帮助这位作者搞一部新型的《鲁迅年谱》，作为本校中文系的教学参考，得到领导的批准。

1976年（丙辰年）46岁

继续收集资料编写《鲁迅年谱》。

1977年（丁巳年）47岁

访问名家收集、核实《鲁迅年谱》的资料。

1978年（戊午年）48岁

5月《鲁迅年谱》（上册）修改竣稿，由吴云和李福田介绍给天津人民出版社出版。

6月11日　在《光明日报》发表《"杂学"辨》，这是他复出后发表的第一篇文章。

7月27日　在《光明日报》发表《老刘的哲学》。

9月3日　在《天津日报》发表旧体诗《谒鲁迅故居》。

9月17日　在《光明日报》发表《"花儿为什么这样红？"》。

9月25日　出版社预支稿费300元，鲍昌用之去南方出差40多天，访问了南京、上海、杭州、绍兴、南昌、厦门、广州等鲁迅生活过的城市，目的是核实鲁迅的一些史实。

10月28日　在《破与立》第5期发表《〈诗·周南·麟之趾〉新解》，收入《风诗名篇新解》，中州书画社1982年11月出版。

11月　在《南开大学学报》第6期发表《释〈驺虞〉》，收入《风诗名篇新解》中州书画社1982年11月出版。

12月17日　在《光明日报》发表杂文《张果老骑驴》。

1979年（己未年）49岁

1月　在《新港》1月号发表《漫话“伤痕文学”》。

3月2日　在《吉林大学学报》第2期发表《〈诗·邶风·旄丘〉新解》，收入《风诗名篇新解》中州书画社1982年11月出版。

4月2日　在《中国现代文学研究丛刊》第1期发表《中国“今天和明天之交”的无产阶级作家——洪灵菲》，收入《一粟集》（美学·文艺论文集）花城出版社1983年10月出版。

4月　在《文学评论》第2期发表《〈诗·鄘风·鹑之奔奔〉新解》，收入《风诗名篇新解》中州书画社1982年11月出版。

4—5月间　鲍昌参加中国作家访问团，深入到云南边境对越自卫反击战前线，进行了两个多月的采访。

5月1日　在《天津师院学报》第2期发表《释〈鸱鸮〉》，收入《风诗名篇新解》中州书画社1982年11月出版。

5月10日　在《天津日报》发表诗歌《还击诗草》两首：《藤条河啊，藤条河！》《坂南贡上空的雷电》。

6月　在天津人民出版社出版《鲁迅年谱》（上册，与邱文合著，32万字），获天津市哲学社会科学优秀成果专著二等奖。

7月　在《新港》7月号发表《钢与火的决斗——记战斗英雄李启》。

9月　在《革命接班人》第9期发表《在英雄脚下——记自卫反击战中的“开路英雄”乔胜清》。

11月　在《解放军文艺》第11期发表《阿佤山的雄鹰》（获《“自卫反击保卫边疆英雄赞”征文》报告文学奖）。

12月16日　在香港《大公报》发表《有请智叟》。

本年　发表反映自卫反击战的报告文学《七米长的血迹》。

1980年（庚申年）50岁

1月10日　在《天津日报》发表旧体诗《敬谒重庆曾家岩周总理办公室》。

1月　在《散文》月刊第1期发表《汉唐气魄》。

在《天津师专学报》第1期发表《〈诗·邶风·简兮〉新解》，收入《风诗名篇新解》，中州书画社1982年11月出版。

2月24日　在《天津日报》发表《“老二”重生》。

2月　在《解放军文艺》第2期发表小说《景颇人的腰刀》。

2—3月　在《新港》第2期、第3期发表小说《三月——四月》。

3月　在《文艺》增刊1980年第2期发表旧体诗《三峡行》。

接任天津师院中文系主任，兼党支部副书记，并晋升为副教授，担任中文系美学研究生导师。

在《长城》第2期发表长篇选载《神拳》。

在香港《抖擞》双月刊第37期发表《就〈从“文学评论丛刊”一篇文章看国内“诗经”研究的路向〉一文答李家树先生》。

5月　在《散文》第5期发表《人与神》。

6月　在《鸭绿江》6月号发表《有感于曹丕学驴叫》。

6月20日　在《天津日报》发表《为了花一样的祖国新一代——评袁静的〈小黑马的故事〉》，收入《儿童文学作家作品论》，中国少年儿童出版社1981年4月出版。

7月　在《河北文学》第7期发表《孙犁——一位有风格的作家》。

7月12日　在《天津日报》发表《谈“外举不避怨”》。

7月25日　在《书讯》第24号（上海新华书店编）发表《答〈书讯〉编辑部》。

8月28日　在《天津师院学报》第4期发表《释〈蝃蝀〉》，收入《风诗名篇新解》中州书画社 1982 年 11 月出版。

9 月　天津人民出版社出版《鲁迅年谱》(下册，与邱文治合编，42 万字)，(获天津市哲学社会科学优秀成果专著二等奖)。

9 月 15 日　天津市美学学会正式成立。方纪、孙犁、朱维之和徐中任学会顾问，并一致选举鲍昌为会长。

11 月　在《鸭绿江》第 11 期发表《心灵的奥秘——关于〈爱，是不能忘记的〉随想》。

在《十月》第 6 期发表《重新溢放的泥土芳香——评刘绍棠的中篇小说〈蒲柳人家〉》。

百花文艺出版社出版《庚子风云》(第一部，长篇历史小说，49.3 万字)。

12 月 26 日　在《文学评论》第 6 期发表《〈诗·召南·殷其雷〉新解》，收入《风诗名篇新解》，中州书画社 1982 年 11 月出版。

12 月 30 日　在《河北大学学报》第 4 期发表《〈诗·邶风·雄雉〉新解》，收入《风诗名篇新解》，中州书画社 1982 年 11 月出版。

12 月　广东人民出版社出版的《编余漫笔》收入鲍昌的《有感于鲁迅走访良友图书公司》。

本年　在《古典文学论丛》第一辑(《社会科学战线》编，齐鲁书社 1980 年出版)发表《释〈考槃〉》，在《活页文史丛刊》第 25 期(淮阴师专编，1980 年出版)发表《〈诗·邶风·静女〉新解》，收入《风诗名篇新解》，中州书画社 1982 年 11 月出版。

在《创作参考》第三辑(作协天津分会编)发表《文学创作中的艺术美》。

1981 年(辛酉年)51 岁

2 月　在《天津广播电视杂志》1981 年第 2 期发表旧体诗词《水调歌头·祝评选优秀电视剧目揭晓》。

在《新港》第 2 期发表《庚子风云》(长篇历史小说片断)。

在《奔流》第2期发表长篇选载《赵三多传拳》。

在《工艺美术》第2期发表《原始的工艺美术——陶器的造型和色彩美》。

在《八小时以外》第2期发表《关于心灵美的通信》。

在《小说界》第2期发表《把未来和现实放在一起思考》。

3月　在《河北文学》第3期发表《中国文坛上需要这个流派——在〈河北文学〉关于荷花淀派座谈会上的发言》。

3月22日　在《天津日报》发表《愿君铸就心灵美》。

4月　在《八小时以外》第4期发表《语言美琐谈》。

在《绿原》第2期发表长篇选载《董福祥与李来中》。

在《鸭绿江》第4期发表《多种植几株蔷薇吧——陈淼〈稀有作家庄重别传〉读后感》。（附注：陈渺，即辽宁省鞍山市作家陈森）

在《书林》第4期发表《庚子风云·絮语》。

5月　在《花城》第6期发表长篇选载《立储》。

在《青春》第5期发表《有形的书和无形的书》。

5月11日　在《社会科学参考材料》第三辑（天津社联编）发表《和同志们谈谈"四美"》。

6月　在《新苑》第3期发表《略论文学的地方色彩》，收入《一粟集》（美学·文艺论文集）花城出版社1983年10月出版。

7月　在《天津演唱》第7期发表长篇选载《林黑儿看皇会》。

在《活页文史丛刊》第115期发表《马王堆汉墓帛画新探》。

在《舞蹈论丛》第三辑发表《舞蹈的起源》（1）。

8月　在《新港》第8期发表《关于〈庚子风云〉二三语》。

9月12日　在《中国青年报》发表《"吃草"与"挤奶"——谈谈鲁迅为人民服务的精神》。

10月　在《舞蹈论丛》第四辑发表《舞蹈的起源》（2）。

11月4日　在《天津日报》发表诗歌《装点未来的万紫千红》。

1982年（壬戌年）52岁

1月　天津市召开第二次作协代表大会，选举孙犁为作协主席，万力、王林、冯骥才、孙振、阿凤、杨润身、鲍昌为副主席。鲍昌兼任党组副书记，主持党组日常工作。

在《舞蹈论丛》第一辑发表《舞蹈的起源》（3）。

2月　在《鸭绿江》第2期发表《记陈淼》。

在《天津舞蹈》第2期发表《充满青春活力的美的享受》。

3月1日　在《新港》第3期发表《论作品的思想与主题》。

3月2日　在《北京师院学报》第1期发表《一首优美的上古民间恋歌——〈诗·邶风·匏有苦叶〉新解》，收入《风诗名篇新解》，中州书画社1982年11月出版。

4月　在《鲁迅研究》1982年第2期发表《谱余漫笔》。

完成《庚子风云》第二部，51万字，交给百花文艺出版社。

6月　在《智慧树》第6期发表小说《钩吻》。

在《写作》第6期发表《八贤王引起的一串联想》。

6月30日　在《天津社会科学》第3期发表《现实主义的凯歌行进——略论中国现代文学的一个发展规律》，收入《一粟集》（美学·文艺论文集）花城出版社1983年10月出版。

7月16日　在《天津日报》发表《学海遨游》。

7月25日　在《光明日报》发表《回来吧，可怜的席西佛斯！》。

8月　在《新港》第8期发表小说《芨芨草》（获1982年度全国优秀短篇小说奖、天津市1982年度优秀作品奖、1979～1983年《新港》小说奖）。

8月15日　在《南京日报》发表《答梅汝恺书》。

8月19日　应邀参加农垦部组织的作家访问团访问新疆，足迹遍及乌鲁木齐、石河子、伊犁等地。

9月9日　在《少年文史报》（兰州）发表《少年和美学》。

9月28日　从新疆返回天津后，创作了短篇小说《沙枣花啊，沙枣花！》和长篇小说《盲流》。

9月　在《散文》第9期发表《梦的杂感》。

10月　在《剧坛》第5期发表《历史剧创作的几点成功探索——略评张步虹的剧本创作》。

在《天津广播电视杂志》第10期发表《塑造鲁迅形象的成功开端——评电视连续剧〈鲁迅〉前四集》。

10月31日　在《天津日报》发表《太平军的天津之战》。

11月　在《鲁迅研究》第六辑发表《鲁迅小说的几个美学特点》（获天津市哲学社会科学优秀成果论文二等奖），收入《纪念鲁迅诞辰一百周年学术讨论会论文选》（湖南人民出版社，1983年2月出版）。

中州书画社出版《风诗名篇新解》。

11月　去海南采风，到12月初归来后，创作了中篇小说《神秘果》。

1983年（癸亥年）53岁

1月10日　在《天津日报》发表《思想深邃，文笔旷达——舒群短篇小说〈美女陈倩〉读后》。

1月25日　在《文论报》发表《文人相重》。

1月　在《绿洲》第1期发表小说《沙枣花啊，沙枣花！》。

在《天津师大学报》第1期发表《〈巴黎手稿〉紬义》，收入《一粟集》（美学·文艺论文集）花城出版社1983年10月。

在《天津书讯》1983年第1期发表旧体诗《祝〈天津书讯〉创刊》。

在《新港》第1期发表《一点心愿》。

在《作家动态》第1期（作协天津分会编）发表《到生活的海洋上去航行》。

2月13日　在《光明日报》发表《春节·春联·理想》。

2月25日　在《书讯报》发表《心头上的温暖——也谈“我的第一本书”》。

2月　在《文艺报》第2期发表小说《动人的沉思》。

在《儿童文学选刊》第2期发表《从〈掇夜人的孩子〉〈大仙的宅邸〉谈开去》。

在中国作家协会天津分会编辑出版的《作家动态》第2期发表《关于文艺的效果》。

3月10日　在《天津社会科学》（纪念马克思逝世一百周年专号）发表《努力开展马克思主义美学研究》。

4月16日　在《天津青年报》发表《漫谈美及美感》。

4月　在《新港》第4期发表《关于〈新港〉创刊的回忆》。

在《新观察》第8期发表《〈雷雨〉的创新演出》。

在《文艺论丛》总第17期（1983年4月）发表《论鲁迅的“改革国民性”思想》，收入《一粟集》（美学·文艺论文集），花城出版社1983年10月出版。

6月　在《小说选刊》第6期发表《我很难忘记他们》。

在《新港》第6期发表《李霁野六十年间的文学道路》。

在《天津师大学报》第2期发表《美学晬语》，收入《一粟集》（美学·文艺论文集），花城出版社1983年10月出版。

在百花文艺出版社《小说家》第2期发表小说《神秘果》。

7月6日　在《天津日报》发表《〈一粟集〉自序》。

7月30日　在《天津日报·文艺周刊》（第1011期）发表小说《迷人的脚灯又亮了》。

7月　在《新港》第7期发表小说《归来榕树村》。

8月29日　在《人民文学》第8期发表小说《在山脚闪着孤灯》。

9月8日　在《天津青年报》发表《书海无涯——读书论之一》。

9月17日　在《天津青年报》发表《"学问饥饿"——读书论之二》。

9月24日　在《天津日报》发表《开创社会主义文艺新局面的纲领》。

10月1日　在《天津青年报》发表《禀赋与勤奋——读书论之三》。

10月15日　在《天津青年报》发表《最佳读书年龄——读书论之四》。

10月　在《新港》第10期发表《王林的生平与创作》。

花城出版社出版《一粟集》(美学·文艺论文集，收入论文14篇，17万字)。

11月12日　在《天津日报》发表《圆明园杂感》。

11月26日　在《天津青年报》发表《"博学"说——读书论之五》。

11月30日　在《天津日报》发表《"祸枣灾梨"之类》。

12月10日　在《天津青年报》发表《博与专深——读书论之六》。

12月31日　在《天津社会科学》增刊发表《参加坚持和发展马克思主义　开创哲学社会科学研究新局面——纪念马克思逝世一百周年座谈会发言摘要》(该座谈会于1983年1月3日举行，鲍昌参与并发言)。

12月　在《新观察》第23期发表《程长庚、外串及其他》。

在《十月》第6期发表小说《槐荫庭院》。

在《北大荒》(文学双月刊·创作辅导增刊)发表《小说创作三题》，1983年12月出版。

1984年(甲子年)54岁

1月1日　在《新港》第1期发表小说《二次结合力》。

1月　在《天津舞蹈》第1期发表《美学碎语》。

1月　在《当代文艺思潮》第1期和《文艺界通讯》第1期发表《断了线的风筝——关于西方“现代派”文学的杂感》。

1月　在《艺术研究》第1期发表美学论文《绘画的起源与原始绘画》。

3月1日　在《天津社会科学》第1期发表《评西方“现代派”文学中的非理性主义倾向》。

3月28日　在《天津日报》发表旧体诗《诗二首》:《敬谒西三条鲁迅故居》《“老虎尾巴”口占》。

3月　在《花溪》第3期发表《历史小说谈屑——答〈花溪〉读者问》。

百花文艺出版社出版《庚子风云》(第二部，长篇历史小说，51万字)。

在《文谈》第3期发表《李霁野六十年间的文学道路》。

在《武清文艺》第1期发表杂文《旱金莲与野牡丹》。

4月11日　在《天津日报》发表《文学花甲——祝李霁野文学活动六十周年》。

4月28日　在《光明日报》发表《〈马说〉说》。

4月　百花文艺出版社出版《神秘果》(中篇小说，9.5万字)。

5月12日　在《天津青年报》发表《充满希望的道路》。

5月　在《美·艺术·时代》第一辑发表美学论文《美是什么：一个提供讨论的新定义》。

6月　在《散文》第6期发表《“甲子之事”》。

在《银幕与观众》第6期发表《电影演员的“白口”》。

7月6日　在《今晚报》发表《铁帽子王》。

7月27日　在《今晚报》发表《“大锅饭”考》，署名司马长缨。

7月　百花文艺出版社出版报告文学集《多彩的海河》，收入鲍昌撰写的《山村教育诗》。

西北大学出版社出版的《当代作家谈鲁迅》发表鲍昌《烛火·角声》(创作谈)。

8月6日　在《今晚报》发表《桑弧蓬矢》。

8月29日　在《今晚报》发表杂文《说“新星”》。

8月　在《鸭绿江》8月号发表短篇小说《副局长孟开慧》。

在《作家》第8期发表短篇小说《不甘心止住的雨》。

9月1日　在《十月》第5期发表中篇小说《祝福你，费尔马！》。

9月14日　在《今晚报》发表杂文《关于“一休”的感慨》。

9月17日　在《今晚报》发表杂文《“一休”的感慨之余》。

9月20日　在天津市文联出版的《文谈》第5期发表《寻找自己的生活座标》。

9月　在《当代文坛报》第17期发表《“送你两个‘民’字”——萧殷同志漫忆》。

在《文汇月刊》第9期发表短篇小说《“参考”干部》。

在作协天津分会编辑出版的《创作参考》第三辑发表《文学创作中的艺术美》。

10月1日　在《新港》第10期发表论文《王林的生平与创作》。

10月6日　在《天津日报》发表杂文《〈满庭芳〉词话》。

10月16日　在《今晚报》发表杂文《〈日知录〉发隐》。

10月10日　在《北京文学》第10期发表短篇小说《再造丸》。

10月29日　在《海河水利》第3期发表短篇小说《你若是哥哥招一招手》。

11月11日　在《今晚报》发表杂文《魏忠贤死于剑下》。

12月1日　在《新港》第12期发表《〈二觉集〉自序》。

12月2日　在《今晚报》发表随笔《嵩阳书院所见》。

12月9日　在《今晚报》发表杂文《游少林寺感怀》。

12月　奉调到中国作家协会工作。

在天津和平区文化馆编辑出版的《草露集》发表《〈草露集〉

续集前后》。

人民文学出版社出版的《中国现代文学思潮流派讨论集》收入鲍昌论文《现实主义的凯歌行进——略论中国现代文学的一个发展规律》。

本年　在《天津青年报》发表回忆录《青年时期的选择》。

1985年（乙丑年）55岁

1月1日　在《小说导报》第1期发表短篇小说《八号卧铺包房》。

1月5日　中国作家协会第四次代表大会选举产生第四届理事会。巴金当选为主席，王蒙为常务副主席。理事会推举9名理事组成书记处，唐达成、鲍昌任常务书记，杨子敏任秘书长。唐达成为作协党组书记，鲍昌为作协党组成员之一。

在《文艺报》第1期发表论文《一个引人注目的新的文学现象》。

1月17日　在《天津日报》发表散文《悼艾文会》。

在一次作家会议上，鲍昌和巴金、夏衍

1月22日　在《今晚报》发表杂文《从“羊大为美”说起》。

1月24日　在《天津日报》发表评论《文学腾飞的翅膀》。

1月　百花文艺出版社出版杂文集《二觉集》。

在《唐山教育学院学报》第1期发表论文《论刘基》。

在《文艺报》第1期发表论文《怎样看待文艺、出版界的一个新现象》。

在《书林》第1期发表《我们的文艺理论书该修订和充实了》。

2月5日　在《光明日报》发表杂文《出新詹言》。

2月6日　鲍昌正式出席中国作协党组会议。

2月8日　在《今晚报》发表杂文《为孟蒙说项》。

2月15日　在《民族文学》第2期发表《你和我都该珍爱的珠宝——致少数民族文学工作者》。

2月16日　在《光明日报》发表散文《京津的小吃》。

2月　在《天津剧作》第2期发表短论《抓住它的本质——门外谈戏》。

为科普作家郑文光的《怪兽》作序，《怪兽》1985年2月出版。

3月2日　在《天津社会科学》第1期发表《试论当前的通俗文学》。

在《人民文学》第2期发表短篇小说《俞夫子》。

在《文学自由谈》第1期发表《创作自由之路——在西柏林中德作家会晤时的发言》。

3月　在《津门文学论丛》第1期发表《俞平伯评传》。

在《天津日报》发表散文《祝愿》。

4月3日　在《人民日报》发表杂文《斧头精神》。

4月18日　在天津乐园宾馆举行“梁斌文学活动50周年庆祝会”，鲍昌出席，并致开幕词。《梁斌文学活动50周年庆祝会·开幕词》一文发表于天津文联编辑出版的《文谈》第1—2期合刊。（此庆祝会由天津市文联、河北省文联和作协天津分会联合举办，会后由《文谈》出版纪念专辑）在同一期上还发表有鲍昌的《新时代的燕赵风格——梁斌创作风格一析》，还有鲍昌署名“司马长缨”整理的《梁斌小说艺术讨论会纪要》。

4月　在《艺术研究》第2期发表论文《雕塑的起源和原始雕塑》。

在《散文世界》第4期发表散文《漓江雨》。

在《散文》第4期发表《〈乡土情〉序》。

在《小说导报》第4期发表《“命运小说”点评》。

在《盾》第4期发表短篇小说《大粉坊胡同凶宅——古城梦忆之一》。

5月1日　在《当代作家评论》第2期发表《新时代的燕赵风格——梁斌创作风格一析》。

5月25日　在《澳门日报》发表旧体诗《珠海起飞》。

5月　在《文艺报》第5期发表《火红年代的交响音诗——评第三届全国报告文学获奖作品》。

在《外国文学动态》第5期发表论文《二次大战后中德两国文学的异同》。

在《天津日报·文艺》（双月刊）第3期发表散文《祝愿》。

在《小说界·长篇小说》第1辑发表长篇小说《盲流》。

在《神州传奇》第5期发表评论《说“传奇”》。

《作家评点少年获奖作品选》收录《文章结构上“狮子滚绣球法”一例——评短篇习作〈心扉〉》。

6月10日　在《文汇报》发表《文艺学的多学科研究方法》。

6月25日　在《广州日报》发表诗歌《沙面上的天鹅》。

6月　在《鸭绿江》第6期发表短篇小说《副教授》。

在《小学生作文》第6期发表“作家寄语”《点染未来的新生活》。

6月　广东《风流人物报》第4～6期，在韦丘的《热风中的足音》一文中记录了鲍昌访问广东时的诗作。

7月　在《长城》第3期发表论文《论刘真》。

8月7日　在《光明日报》举办的《〈历史题材创作的新收获〉座谈会》的发言摘要发表。

8月10日　在《天津日报》发表散文《不幸的海涅和他的“故居”》。

在《文艺报》第6期发表短论《文艺形式枝见》。

8月24日　在《今晚报》发表散文《不朽的贝多芬——访德杂记》。

8月25日　在《光明日报》发表诗歌《西柏林三章》。

8月　在广东《江门文艺》第8期发表诗歌4首（题为“中国著名作家访粤代表团访问江门侨乡诗联抄”）。

河北文联出版的《评论选刊》第8期选载鲍昌论文《火红年代的交响音诗——评第三届全国报告文学获奖作品》。

9月12日　在《文汇报》发表《散文的写作》。

9月29日　在《光明日报》发表散文《阿尔卑斯山幻觉》。

10月　上海文艺出版社出版《动人的沉思》（短篇小说集，收入短篇小说11篇，18.2万字）。

在《花城》第5期发表《致花城》。

在《中国现代文学研究丛刊》第4期发表《现代文学研究与当代文学思潮》。

在《文艺情况》第10—11期发表《对发展文艺理论批评的几点意见》，此文被编入《青年文艺理论批评工作者座谈会发言选编》。

11月27日　在《天津日报》发表杂文《黄金台小考》。

11月　在《人民文学之友》第11期发表短评《挑拣〈金樱子〉》。

12月28日　在《文艺报》第26期发表论文《1985：全方位、多样化文学的繁荣》，此文被编入《我看1985年的文学》专栏。

12月　在《批评家》第1卷第5期发表《不可阻挡的黄河——

在首届黄河笔会上的发言》。

在《当代作家评论》第6期发表《关于〈庚子风云〉的通信——鲍昌致吴秀明》。

在《文谈》第5—6期发表《论毛泽东文艺思想的形成》。

在《小说导报》第12期发表《活跃思想　力求创新——在天津市1984年度文学创作奖发奖大会上的发言》。

在《中学生天地》第12期发表杂文《花的鉴赏和美的争辩》。

1986年（丙寅年）56岁

1月　在《天津文学》第1期发表《伟大的小说何时到来？》。

在江西《星火》第1期发表短论《永恒的星火》。

在《儿童文学选刊》第1期发表短论《“儿童情理”芹言》。

2月5日　在《天津日报》发表杂文《还是要讲点“群众观点”》。

2月13日　在《人民日报》发表散文《陕北民歌》。

2月　在《当代文艺理论思潮》第2期发表论文《评弗洛伊德主义的“泛性论”——弗洛伊德〈爱情心理学〉中译本序言》。此文附载于人民文学出版社1986年2月出版的《爱情心理学》（第1版）。

在河南杂技协会编辑出版的《杂技界》第2期发表《〈杂技美学初探〉序》。

在湖北省文联编辑出版的《文艺之窗》第1—2期发表论文《新时期文学的历史和历史的文学——在全国首次当代历史小说创作问题座谈会上的讲话》（摘要）。

3月2日　在《当代》第1期发表短论《看哪，这棵智慧之树！》。

3月　在《蓝盾》第3期发表《说“传奇”》。

在《文汇月刊》第3期发表微型小说《萃花街记事》（五篇）。

在《追求》第3期发表《惊人的历程》（美学碎语）。

在《文艺学习》第 3 期发表短论《“双百方针”卮言》。

4 月 10 日　在《人民日报》发表散文《一个大写的人——悼念作家俞林同志》。

4 月　在《人才研究》第 2 期发表论文《“人才争夺战”的口号可行吗？》。

在《鸭绿江》第 4 期发表短篇小说《J 县宾馆》。

在《莽原》第 2 期发表《1985 年小说创作的新趋向——在河南省文联小说创作、评论工作者座谈会上的发言》。

在《小说》第4期发表《改革生活的奔湍的急流》（此文为《急流》五人谈之一）。

花城出版社出版《祝福你，费尔马！》（短篇小说集，收入短篇小说 12 篇，22 万字）。

在《追求》第 4 期发表《美的价值和美的特性》（美学碎语）。

在《科学文艺》第 4 期发表《让科学文艺这棵智慧之树万古长青——在“银河奖”授奖大会上的发言摘要》。

5 月　在《科学文艺》第 5 期发表论文《科学文艺的现状和发展问题》。

在《追求》第 5 期发表《无穷多样的审美感知》（美学碎语）。

主编《1949—1985 中国当代文学作品选评》，由浙江大学出版社出版，鲍昌撰写的“序言”同时发表。此书于 1987 年被高等教育部选定为高校文科推荐教材，由高等教育出版社出版。

6 月 15 日　在《中国农垦》11 期发表《〈沃土上的儿女〉序》。

6 月　在《小说界》第 3 期发表评论《喀戎的挣扎——评荐梁晓声〈从复旦到北影〉》。

在《文谈》第 5—6 期发表《〈人魔〉序》。

7 月 23 日　《解放军报》发表访问记《期待军事文学有更大的发展——中国作家协会常务书记鲍昌答本报记者问》。

7 月 30 日　在《诗刊》第 7 期发表《当心她啊，伊尔的美神——说诗碎语》。

7月 《文学大观》第7期转载《J县宾馆》，并更名为《县城宾馆奇遇记》。

8月11日　在《人民日报》发表《幽默可笑的真实——雁枫〈古今趣谈〉序言》。

8月21日　在《文论报》第24期发表《为建设开放的、发展的、自我调节的马克思主义文艺理论体系而努力》(上)。

8月29日　在《文学自由谈》第4期发表《现实主义：在纵与横两条轴线上发展——新时期十年的文学理论批评》。

8月31日　在《北京晚报》发表散文《绿色的梦》。

8月　在《当代文坛报》第8期发表论文《〈梦的解析〉和文学创作》。

在《文谈》第3期发表《为建设开放的、发展的、自我调节的马克思主义文艺理论体系而努力》(全文)。

上海文艺出版社出版《三国外传》载鲍昌写的序文《〈三国外传〉序》。

9月11日　在《文论报》第26期发表《为建设开放的、发展的、自我调节的马克思主义文艺理论体系而努力》(下)。

9月　在《天津书讯》第9期发表《1949～1985中国当代文学作品选评·前言》。

《小小说选刊》第9期选载“鲍昌小小说小辑”:《夜间的士》《安徽来的小保姆》《塌陷的“黑洞”》。

在《书林》第9期发表短论《关于人才问题的一点回顾与思考》。

10月20日　在《文汇报》发表短论《说不尽的鲁迅》。

10月28日　在《文学自由谈》第5期发表《现实主义：在纵与横两条轴线上发展——新时期十年的文学理论批评》(续)。

10月　在《天津文学》第10期发表《论新时期文学的宏观

走向》。

在《小说》第4期发表评论《改革生活的奔湍的急流》。

11月15日　在《文艺报》发表《如何评价十年来的新时期文学》。

11月16日　在《光明日报》发表散文《寿觞》。

11月　在《小说界》发表小小说五篇《萃花街记事》。

上海文艺出版社出版《盲流》(长篇小说，19.9万字)。

湖南文艺出版社11月出版陈继尧的系列小说《新浪潮前奏曲》，鲍昌为之撰写评论《一个艺术上的“旋转世界”——评陈继尧的系列小说〈新浪潮前奏曲〉》。

12月27日　在《上海文学》第12期发表《一个艺术上的“旋转的世界”》。

12月28日　在《文学自由谈》第6期发表《无法回避的人性、人道主义问题的论争——新时期十年的文学理论批评》。(此文是在《文学自由谈》第4、5期发表的《现实主义：在纵与横两条轴线上发展——新时期十年的文学理论批评》的续篇。)

12月　在四川《中学生读写》第12期发表《一本活泼、新颖、充实的写作指导书籍——钟法〈妙趣横生话写作〉序言》。

本年　奥地利《中国报导》(《CHINA · REPORT》)第86、87期刊载专文介绍鲍昌：*Eine Woche，Erfullt Mit Musik*(*Bao Chang*)。

1987年(丁卯年)57岁

1月8日　在《人民日报》发表通信《关于“狂”的通信——致臧克家》。

1月26日　在《人民日报》(海外版)发表小小说《萃花街记事》二篇：《毗邻》《爱在人间》。

1月　在《民间文学论坛》第1期发表论文《论民族文化的“绿色植物效应”》。

在《儿童小说》第 1 期发表散文《鸣鹤》。

在《追求》第 1 期发表《动人心弦的人体美》(美学碎语)。

在《外国文学评论》第 1 期发表创作谈《他山之石》。

2 月 7 日　以《文艺报》评论员署名在第 6 期发表评论《批判政治上的“全盘西化”论》。

2 月　在《批评家》第 1 期发表论文《尼采：不该诞生的悲剧——尼采〈悲剧的诞生〉中译本序言》。

在《青年文学》第 2 期发表《对生活“厚黑”层面的剖析与针刺——评韩冬的中篇小说〈秋风清，秋月明〉》。

在《天津文学》第 2 期发表小说《萃花街记事》(五题):《鸳盟》《红学家》《磨具厂的理论家》《程门立雪图》《二虎子》。

3 月　在《人民文学》第 3 期发表小说《萃花街记事》:《永恒的苦笑》《铃木 50》《冯狗子》。

在《作家》第 3 期发表短论《怎样理解文学作品的社会效果》。

在《追求》第 3 期发表《请让美好的心灵发出去签证》《自然的美是无限的》(美学碎语)。

4 月 1 日　在《人民文学》第 3 期发表《萃花街记事》。

4 月 2 日　在《外国文学评论》第 1 期发表《他山之石》。

在《中国现代文学研究丛刊》第 1 期发表《一位非常有个性、风格化的作家——纪念张天翼诞辰 80 周年》。

4 月　在《散文》第 4 期发表散文《月中人》。

5 月 31 日　在《学习与研究》第 10 期发表《我不是个“老北京”》。

5 月　四川少年儿童出版社出版钟法的《妙趣横生话写作》，附载鲍昌写的序言《活泼·新颖·充实——〈妙趣横生话写作〉序言》。

在江苏《少年文艺》第 5 期发表书评《不要干涸，小溪流》。

6 月 24 日　在《今晚报》发表《由包公祠谈到清官》。

6 月 30 日　在《文艺争鸣》第 3 期发表《简评叔本华的哲学与

美学思想——〈叔本华文集〉序言》。

6月　在《昆仑》第3期发表《向历史的纵深和现实的开阔地，前进——关于新时期军事文学的几点思考》。

《小小说选刊》第6期选载鲍昌的《萃花街记事》两篇：《比邻》《爱在人间》。

7月19日　在《人民日报》发表散文《尼亚加拉大瀑布之歌》。

7月　应邀为《中国大百科全书·文学卷》撰写条目：《萨都剌》（与鲍晶合作）《刘基》《高启》《何景明》《袁崇道》《袁宏道》《袁中道》《张煌言》《夏完淳》《归有光》《文学的起源》。

8月1日　在《新观察》第15期发表散文《巴尔扎克的微笑——纽约现代艺术博物馆随想》。

8月26日　在甘肃兰州《育才报》第130期发表《〈程与天金石书法篆刻选〉序言》。

8月29日　在《文学自由谈》第4期发表《文学厚壤里开出的苍白的花——〈罗素散文集〉序言》。

在《民族文学》第8期发表《将要实现渴望的种子——〈新时期中国少数民族小说选〉序言》。

在《中国作家》第4期发表《展示一个人世间最艰难的课题——报告文学集〈阴阳大裂变〉序言》。

8月　在《文艺学习》第4期发表杂文《沙滩·书摊·信息论》。

9月1日　在《人民日报》发表《改革题材文学有待深化》。

在《散文》第9期发表《西子梦痕》。

9月　《文学评论选刊》第9期选载《向历史的纵深和现实的开阔地，前进——关于新时期军事文学的几点思考》。

10月9日—11月4日　在《天津日报》连载访美游记《纽约客话》。

10月11日　在《光明日报》发表杂文《狮子舞谈屑》。

10月　在《中华少年》第10期发表散文《习文漫笔》。

百花文艺出版社出版《文学艺术新术语辞典》（鲍昌主编，106万字）。

11月17日　在《新民晚报》发表散文《人生寂寞好读书》。

11月　在《中国青年》第11期发表评论《一个被生活扭曲了的灵魂——读小说〈灰色的年轻人〉》。

作家出版社出版《茅盾90诞辰纪念论文集》，选载鲍昌的论文《期待茅盾研究的新突破——在第三次全国茅盾研究学术讨论会上的讲话》。

12月1日　在《散文世界》第12期发表散文《永不休止的西林》。

12月20日　在《光明日报》发表杂文《新薄葬说》。

12月27日　在《文艺理论与批评》第6期发表《人格与自我——〈人格心理学导论〉中译本序言》。

本年　花山文艺出版社签约出版论文集《三省集》，后因鲍昌1989年2月病故而未能出版。

1988年（戊辰年）58岁

1月3日　在《羊城晚报》发表杂文《小姐尊严》。

1月22日　在《郑州晚报》发表杂文《“三黄一窝鸡”》。

1月24日　在《光明日报》发表杂文《一个提问》。

1月25日　在《人民日报》（海外版）发表评论《一次难得的文学突破——简评长篇小说〈皖南事变〉》。

1月　在《中国文艺年鉴》（1988年卷）发表《1987年中短篇小说的散点透视》。

《小说选刊》第1期选载《1987年中短篇小说的散点透视》。

《评论选刊》第4期选载《1987年中短篇小说的散点透视》。

《民间文学论坛》第1期发表《民间文化与现代生活——庞朴、鲍昌、乐黛云、宋兆林、陶阳五人谈》（邱希淳整理）。

2月3日　在《光明日报》发表《〈杂技超常的艺术〉序》。

2月11日　在《文学报》发表散文《遥思鹿洞暗摧心》。

2月21日　在《羊城晚报》发表杂文《读“天书”》。

2月　人民文学出版社出版杂文集《人生的太阳》，选载鲍昌杂文《满月的年华》。

在《作家生活报》第2期发表杂文《岁且更始》。

在《草原》第2期发表《一个文学的“花的草原”——〈当代蒙古族短篇小说选〉序》。

在《山野文学》第2期发表《真实地再现了地质工作者风貌——在报告文学〈共和国不应忘记〉座谈会上的发言》。

3月29日　在《人民日报》发表《写出“心灵的辩证法”——关于“心态小说”》。

3月31日　在《人民文学》第3期发表《短篇两束》:《桃花三月天》(外三篇)《萃花街记事》(二题)。

3月　在《散文》第3期发表散文《尼亚加拉大瀑布之歌》。

在《北京文学》第3期发表散文《南湖菱唱》。

4月　天津百花文艺出版社出版文集《我与百花》，收入鲍昌的同题散文一篇。

5月15日　在《光明日报》发表散文《“泥人张”五代记》。

5月25日　在《文论报》发表评论《扫除封建主义的吃人宴席——评申跃中的中篇小说〈宴席上下〉》。

5月　在《河北文学》第5期发表小小说《萃花街记事》(小小说五篇):《“太阳之吻”》《“锁麟囊”》《蒲公英》《变调箜篌》《幽会》。

在《诗神》第5期发表诗歌《奥地利小曲》(诗五首)。

在《钟山》第3期发表小小说《萃花街记事》(五篇):《“失踪”了的敲门声》《两帧照片》《父子之间》《败火》《“波普艺术”》。

在《散文百家》第5期发表散文《天年——我的母亲》。

6月13日　在《天津日报》发表散文《乌镇游记》。

6月26日　在《今晚报》发表杂文《由辛弃疾祠堂扯到猴戏》。

6月29日　在《文学自由谈》第3期发表《一篇够味的“津味小说”——评张仲的〈龙嘴大铜壶〉》。

6月　《小说月报》第6期选载《桃花三月天》（外三题）。

在《散文选刊》第6期发表评论《“述往开来”的散文佳作》。

《小小说选刊》第6期选载《鲍昌小小说二题》:《不速之客》《甜甜的一笑》。

在江西《创作评谭》第2期发表论文《新时期的革命历史题材文学如何发展》。

7月1日　在《扬州日报》发表散文《新梅花岭记》。

7月21日　在《文学报》发表《从纪实小说〈无冕皇帝〉谈开去》。

7月24日　在《今晚报》发表杂文《新“白蛇传”》。

7月24日　在《羊城晚报》发表杂文《圣人门前卖〈三字经〉》。

7月　在《北方文学》第7期发表散文《“书淫”小札》。

在《鸭绿江》第7期发表小小说《萃花街记事》（三题）:《丽妮餐厅》《乌鸡与圆龟》《植树》。

在《奔流》第7期发表《永远去追求生活、思想、创作的真诚——南子见小说集序》。

文化艺术出版社出版的《茅盾研究》第3期，选载鲍昌的论文《期待茅盾研究的新突破——在第三次全国茅盾研究学术讨论会上的发言》。

8月5日　在《今晚报》发表杂文《奇特的“还原”现象》，署名李兰陵。

8月8日　在《天津日报》发表杂文《想想自己的孩子》，署名谷梁春。

1988 年 8 月鲍昌、亚方于延吉市长白山宾馆

8 月 9 日　在《广西日报》发表《桂林行旅》(诗二首):《雨中的桂林》《月亮山》。

8 月 14 日　在《光明日报》发表杂文《文化“文化”》。

8 月 18 日　在《中国青年报》发表杂文《曾氏家书一得》。

在《天津日报》发表散文《永恒的告慰——悼萧军前辈》。

8 月 29 日　在《人民建材报》发表杂文《“官商”小考》。

8 月　鲍昌与夫人亚方参加长白山笔会。这是鲍昌夫妇二人唯一的一次共同参加的社会活动。长白山笔会是由《民族文学》《天池》《长白山》三家文学杂志社共同举办的,也是《民族文学》创刊以来召开的第十一届笔会。与会的有来自全国各地区的壮族、苗族、回族、满族、蒙古族、朝鲜族、布依族、景颇族、撒拉族等五十多位作家,听取了鲍昌在会上作的长篇论述。

《微型小说选刊》第 4 期选载《桃花三月天》(外三篇)。

在《微型小说选刊》第 4 期发表评论《微型小说微议》。

9 月 1 日　在《文学报》发表评论《点染色彩斑斓的生活》。

9 月 10 日　在《文汇报》发表杂文《续〈白字秘书的日记〉》。

9 月 15 日　在《人民日报》发表杂文《杂感流一束》。

9 月 16 日　在《科学报》发表《给天文学家和物理学家的信》。

9 月 12 日至 27 日，鲍昌率领中国作家代表团访问欧洲诸国。

9 月　在《散文百家》第 9 期发表散文《天年》。

在《文汇月刊》第 9 期发表《小小说一束》:《荷香》《琴怨》《未了的债》《雨夜的逡巡》《拂晓的灯光》。

在《小说界》第 5 期发表《第二届全国微型小说大赛评委的话》。

10 月 4 日　在《自然辩证法报》发表《科学与文化都应为提高人口素质而努力——在科学与文化论坛第二次会议上的发言》。

10 月 18 日　在《新民晚报》发表《我为什么要写作》。

10 月 26 日　《科技日报》发表《科学与文化都应为提高人口素质而努力——在科学与文化论坛第二次会议上的发言》。

10 月 27 日　在《当代》第 5 期发表《小说五题》:《吴伦》《方便面》《龙年大吉》《胡天儿》《"瘗旅文"》。

在《诗刊》第 10 期发表《西北风》(四首)。

10 月　在《西北军事文学》第 5 期发表《在〈西路军女战士蒙难记〉作品讨论会上的发言》(未经本人审阅)。

在《诗刊》第 10 期发表《西北风》(诗四首):《凉州古意》《与克拉玛依工人对酒》《"盲流"》《戈壁风沙》。

在《批评家》第 5 期发表《序席扬的〈选择与重构〉》。

11 月 5 日　在《团结报》发表杂文《孔方兄，噫嘻!》。

11 月　在《新观察》第 21 期发表杂文《中国版的〈拉·罗西佛考德定理〉》。

在《学习》发表杂文《"一"之为用》。

在《作品与争鸣》第 11 期选载《从纪实小说"无冕皇帝"谈开去》。

12 月　在《星星诗刊》第 12 期发表诗歌《没有前例的岁月》(组诗):《那时，我的心》《黄土地》《反复》《思想》《跳跃》《等待》《镜》。

《小说选刊》第12期选载小小说《琴怨》。

12月下旬　鲍昌肝区疼痛，B超发现有阴影。

本年　主持编选一套大型的中国古代文学作品精选，诗文词曲共一千首，名为《千珠串》，组织了二十多位专家学者参与，并与国际文化出版公司签了合同，但因患病辞世而搁浅。

1989年（己巳年）59岁

1月2日　在《山东文学》第1期发表《对山东省文学的几点期望》。

1月29日　在《人民日报》发表散文《长城》。发表后曾荣获《人民日报》征文奖，此文在2000年被列为高考阅读试题，2014年被列为高考冲刺试题。

1月30日　在《小说报》发表《掌故小说一束》。

1月　确诊为肝癌。

郑州《小小说选刊》第1期选载《鲍昌小小说小辑》（四篇）。

在《作家》第1期发表《短篇小说四题》:《积石山》《动物标本库》《孔子像》《小小的榆树叶》。

在《科学报》第1期发表杂文《康熙瓷》。

2月3日　在《光明日报》发表《〈杂技超常的艺术〉序》。

2月20日21点30分　鲍昌因患肝癌辞世。

2月　在《作家》第2期发表《1988年的鲍昌谈自己》，2001年华夏出版社出版的《鲍昌散文》，将其编为“后记”。

在《今古传奇》第2期发表《新时期畅销文学的几个理论问题》。

在《人民文学》第2期发表小小说《荒诞四题》。小说发表后《小说选刊》《中篇小说选刊》相继选载。

3月　《广西文学》发表鲍昌诗歌《诗四首》。

作家出版社出版《美人鱼的期待》（小小说集），收入鲍昌小小说71篇，其中讽诫小说42篇、散文诗小说17篇、荒诞派小说12篇，共计17.6万字。

4月1日 《文艺报》发表鲍昌《一个紧紧抓牢大地的新人——翁新华小说集〈再生屋〉序》。

4月 《小说界》第2期发表鲍昌《玉兰树》（外三题）。

《杂文界》第2期发表鲍昌《孔方兄，噫嘻！》。

5月 《散文世界》第5期发表鲍昌《〈中国散文鉴赏文库〉序》。

6月 天津市文联主编的《口袋小说》发表鲍昌小小说《善后》，此篇为鲍昌绝笔，发表后《中国物资报》第12期、《芳草》第7期和《小说月报》相继选载。

7月 鲍昌骨灰安放于北京丰台区太子峪陵园。

9月 《散文》第9期发表鲍昌散文《西子梦痕》。

2001年（辛巳年）

3月 华夏出版社出版《鲍昌散文》。

2016年（丙申年）

7月 作家出版社出版《鲍昌选集》（实为鲍昌的自选集）。

评论

闲话鲍昌

吴若增

对于鲍昌，王蒙说：“我知道他研究什么，但我不知道他不研究什么。”

一句妙语，道出了鲍昌的博学，也现出了王蒙的机智。

是的，没有人知道鲍昌不研究什么——举凡文学、艺术、历史、哲学、经济、政治、逻辑、美学……他好像全都有兴趣去涉猎，全部有兴趣去研究。

是一米七上下的身高吧，体重也就一百二十市斤左右，看起来不高不矮，不胖不瘦，生着一张典型的中国人的方脸孔。

脑袋呢？不算大，也不算小，可令我迷惑的却是——那里面咋装了那么多的东西？

他已经出过十四本书了。

这十四本书里，长篇有《庚子风云》《盲流》，中篇有改编成电视剧的《昴星团之歌》，短篇有曾在全国获过奖的《芨芨草》，等等。小说之外，有美学专著《一粟集》《艺术的起源》，有评论集《三省集》，有古典文学研究集《风诗名篇新解》，有散文集《二觉集》，有剧本集《为了祖国》，有现代文学研究《鲁迅年谱》……

因此，他也就有了一大堆职务及职称。摘其要者，有《新港》

月刊编辑部主任、作协天津分会副主席、天津市美学学会会长、天津师范大学中文系系主任、副教授、兼职教授……现在呢？他是中国作家协会理事、书记处常务书记。

“官”有两种，一种是“虚官”，只挂名，一种是“实官”，得真干。他当的大多是实官，因此，他得真干才行。

不知道他那不高不矮、不胖不瘦的身体，感不感到压得慌？

他身体还挺棒。

年龄呢？又只有五十五岁。

现代生活把人们的年龄都抻长了。按照时下中国人的平均寿命计算，他至少还能再活二十年。这二十多年，他又将把多少东西装进那个不大不小的脑袋里去呀？

啊，我真羡慕他那个脑袋！

孙犁在一篇文章里说过：“鲍君聪颖。”

认识鲍昌的人都说，此话一语破的。

但聪明人不也正多么？仅凭聪明，会有那么多的作品流出吗？

那就是他上过什么名牌大学吧？北大？清华？辅仁？南开？抑或留过外洋？念过牛津？剑桥？哥伦比亚？早稻田？

不！他那履历表上，填的是高中肄业！

他是自学成才的！

到他家去，你别光看那书架上一摞一摞的书，你得注意他放在不显眼地方的那些木箱子、纸箱子。

别的不说，只是为了撰写《艺术的起源》，他抄录的笔记和整理出来的资料，就满满腾腾地塞了两大纸箱子！

他的那本书《风诗名篇新解》，不过只有十五万字。可就为了这十五万字，他钻研过古文字学、古音韵学、训诂学、文献学、考古学、民族学、历史学……走访过海内知名的老专家顾颉刚、于省吾、商承祚、陈邦怀……

说起他的遭际，几起几落，令人一嗟三叹！

幼年，他有过一段挺不错的日子。他的父亲，原是张学良将军麾下的一名中级军官，“九一八事变”时，因为受命“不抵抗”而流落北平。那时，他父亲的薪水还是够厚的。

有了这条件，他父亲为他雇了一位名叫柳妈的奶娘，他的“长妈妈”。

在他牙牙学语之际，他从善良的柳妈嘴里，听到了许多动人的故事、传说、童话、歌谣……他至今都不能忘记柳妈给他讲“黑瞎子”的故事时的那种神态。

他是个聪明而乖巧的孩子，父母亲都喜欢得不得了，五岁时，便对他施以中西合璧的教育了。

先是请来了一位老先生，名唤王文清，是前清的一个秀才。王老先生身材颀长，面容清癯，很有一点儿老儒的端庄与严厉，但性情却也十分平和。

《三字经》《百家姓》《千字文》《名贤集》……他开蒙之时学的就是这些。后来是《论语》《孟子》《千家诗》《古文观止》……

王老先生授课很认真，让人不由得不对他以及他所讲授的东西肃然起敬。而作为孺子的鲍昌呢？竟也对“单阏之岁兮，四月孟夏：庚子日斜兮，鹏集于舍”之类不觉厌倦。

想来，那情景也颇有趣：一个黄毛小子，盘腿坐于床上，脑袋一晃一晃地唱：“春眠不觉晓，处处闻啼鸟……”旁边呢？一位银须老叟，手里撑着一根长长的旱烟袋，眼睛微微地眯起，把头一点一点……

十来岁时，鲍昌已能跟王老先生和对作诗了。

“青鹰傲宫角，白虹行日周。万里挟奇器，披风列殿游。呵叱如雷动，挥刃若光流。奇计虽不中，含笑成楚囚……”

这是他十五岁时所写下的一首旧体诗，虽不免对左思的《咏史》多有模仿，但那气韵与格律，却也是相当地生动与讲究了。

也是这个期间里，他进了艺文中学附属的幼稚园，就在中山公园的东侧。

幼稚园，是又一番天地。唱歌，识字，算数儿，还用繁体字学写“总理精神不死”……

后来，他上小学了——北师附小。若干年后聊起来，冯牧和王蒙是他一前一后的校友。

小学还没念下来，鲍昌的家里却出了大变故；父亲患病久治不愈，无奈何，从军队里退了役，在家赋闲。于是，他的家，便失了生计。

及至一九四二年，为生活所迫，他父亲竟只好到马路上摆起了烟摊！他的家，成了彻头彻尾的城市贫民！

“有谁从小康人家而坠入困顿的么，我以为在这途路中，大概可以看见世人的真面目。”

鲁迅的感慨，对那时的鲍昌来说，实在是深有体会。

但，这坠入困顿，却也渐使他成熟了！

应该感谢他那注重教育的父母，并没有因为生活的困顿而让他失学——他们实在不忍心误了这个聪敏而好学的孩子的前程。于是，竟挣扎着资助他上了中学——是辅仁大学的附属中学，一所天主教神甫们开办的教会学校。

那学校的费用，其实是更加的昂贵，但好在定有奖学金的制度，期考前三名者可免交学杂费。

这与鲍昌倒很相宜，因为他总能考到前三名之内。这样，他就使那早就败落的家，不致过分为难。

回过头看去，这段时间又十分紧要，因为他正是在这段时间里，爱上了文学。

学校有一间小小的图书馆，那里面的文学书籍，鲍昌很快就通读了。

他又找到了北京图书馆，那里藏书甚丰，借阅也方便，于是，周日、假日，他又有了好去处。

从此，他发现了一个神奇的文学世界！

在这个世界里，他认识了托尔斯泰、屠格涅夫、普希金、果戈理、契诃夫、高尔基、歌德、雨果、巴尔扎克……

也认识了鲁迅、巴金、郭沫若、朱自清、谢冰心、郁达夫、老舍……

他最崇拜鲁迅，直到今天。

有志于文学的少年，第一步总离不开对于文学前辈的敬仰；但敬仰文学前辈的少年们，却未必都能成就为后日的作家。这里，除开对于文学的感受能力与表现能力的“天赋”之外，还要看你后来的情感体验、思想体验与生活体验如何。

鲍昌后来的生活是起伏的、坎坷的、丰厚的，因而是幸运的。

那是时代与生活所给予他的严峻的赠礼！

一九四五年秋，日本投降了。在老百姓们的欢欣喜悦之中，国民党接收大员们开始了欢欣喜悦的劫收……于是，一方面是贪污腐化，醉生梦死；一方面是物价飞涨，民不聊生……

少年的鲍昌愤怒了！

于是，他串联了几个热血少年，学着大人们的样子，成立了“北国青春学会”。还办了一份小报，名曰《反攻》。他亲自撰稿、刻写、油印、散发，矛头直指腐败的时局。

那是一个在政治上使人早熟的年代！

但那次斗争的结果对鲍昌来说却不很美妙——他的活动，很快便被学校当局发现，只是姑念其“年幼无知”，给了一个警告处分。

这是个挫折，是个小小的挫折。面对挫折，鲍昌还是我行我素。

在一份民主人士主办的刊物上，鲍昌发现了一条消息：八路军已到了张家口！

心头的火星，亮了！

他又听到了许多关于八路军、关于共产党、关于解放区的故事，那是几个家在解放区，或有亲友在解放区的同学讲给他听的。

八路军是正义的化身！

共产党是真理的化身！

解放区的天是明朗的天！

解放区的人们是自由的人们……

他决计到那里去了！

一九四六年一月二十一日清晨，寒风料峭，他悄悄地离开了家门，同时把一封短信放到了桌子上。

那短信上写着："爸爸、妈妈：我到山那边的好地方去了……"

这一天，正好是他十六岁的生日。

火车……毛驴……脚步……一路辗转，一路艰辛，他竟然真的找到了八路军！

只他一个人，一个年仅十六岁的孩子！

现在的青年能够理解么？

战争期间，没有一张平静的书桌。

在四年解放战争期间，作为华北联大文艺学院音乐系学生的鲍昌，参加了行军、宣传、土改、剿匪……因为表现不错，立过一次功；还在他十七岁时，在河北束鹿县小李庄的一座残破的天主教堂里，举手宣誓，加入了中国共产党！

一九四九年一月，鲍昌随军进入天津，在军管会文艺处工作。

没过多久，他又转入刚刚组建的天津人民艺术剧院担任领导工作。

聪敏的鲍昌，很有一点儿少年得志了！

这就得说是革命形势的需要与熏陶吧，那几年，鲍昌几乎完全沉迷于马列主义理论的学习与钻研之中了。在《人民日报》《进步日报》上，他发表了《美国人民的抽血机——评杜鲁门总统的国情咨文》《土产畅销后的市场问题》等政治评论、经济评论，而且居然被编辑们赏识了。

一九四九年四月，《天津日报》上发表了他的文学处女作《我的母亲》。那是他用母亲来比喻党的一首民歌体诗。

紧接着，他写诗，写歌词，写散文，写小说，写剧本……一发而不可收。

他写过一首歌词，开头的句子是："五星红旗迎风飘扬，胜利歌声多么嘹亮……"

他被任命为市文联副秘书长，还兼了《新港》月刊的编辑部主任。

这时，他已出版了三个集子，时年二十五岁！

鲍昌可算是少年得志的！

如果人生的道路，就是成功时刻的直线延长，那有多好！

可惜！

为了几句今天看起来什么问题也算不上的话，也为了《新港》月刊上发表了几株所谓"毒草"，鲍昌在反右斗争中被划为右派分子！

其实，这是他为自己的才华与个性所付出的代价！谁让你年纪轻轻就那么有本事来着？谁让你看上去总显得那么高傲来着？这种人不划右派划谁？

开除党籍，撤销职务，只发三十元生活费，到农村监督劳动！

于是，他又到农村去了——只是这次与十六岁那年全然不同。

中国农村真是个怪地方啊，一方面，它是培养革命者的摇篮；

一方面，它又是惩罚革命者的流放地！

天津市南郊新房乡，盛产水稻，又曾经是义和团与八国联军拼杀过的战场。在这里，鲍昌学会了插秧、割稻、种菜、赶车……同时也听到了不少义和团的故事。

农民郭大爷对鲍昌说："听说你是个作家，你咋不写写我们义和团？"

他何尝不想写写这些农民的英雄们呢？只是，他已没有了创作的权利，而且，他当然也不知道这种监督改造要持续多久，更不知道今生今世还有没有重新握笔的可能。

不说，不想，不写，还可少受一点儿罪；要是再写点儿什么，别的不说，第一个罪名就是"抗拒改造"！

但是，正如俗话所说，这种人肚里有虫子！他可以不吃、不喝，你要是不让他写东西，他肚里的那条嗜写的虫子就搅得他不得安宁！

偷偷地，他采访了当时健在的义和团大师兄、大师姐，考察了当年血雨腥风的古战场……最后，他暗暗地决定，写一部义和团生活的长篇小说！

以写日记为掩护，他记录下了当地自然景观、风土人情、俗谚俚语、历史掌故。每月有两天休假，他便跑回市里去，泡在图书馆里查资料，抄卡片。

一天，一天，一月，一月……四个年头过去了，他积累下来的卡片和笔记，竟有了一百多万字！

二十年后，他拿出了颇受好评的两部长篇历史小说《庚子风云》，岂止是"两句三年得，一吟双泪流"啊！

想起当年那艰难的日子，鲍昌仍免不了心有余苦：每月三十元生活费，要养活自己以及二老二小，日子可怎么过呀？

多亏他有一个善良而能干的妻子！

他挚爱他的妻子。

一九六一年，鲍昌的生活有了小小的转机：他被摘掉了右派帽子，分配到市文学研究所工作了。

给他的任务是研究文艺理论和美学。他高兴至极，开辟了两个专题：艺术的起源和诗经新解。这两个专题的研究，又用去了他二十年的时间！

鲍昌真有点像他写过的芨芨草了，只要有一点儿水，一点儿沙子，它就能活，就能生长！在文研所的四年时间里，他不言不语，终日把头埋在书堆里。

他知道自己的弱点，知道自己没有上过大学，没有受过系统的理论教育，为此，他发愤读书。他读马恩列斯全集，读中国古代文论、西方文论，读能搜集到的美学著作……此外，他也研究哲学、心理学、考古学、文字学、音韵学……每天清早，还要抽出半小时复习英语。

他在给友人的一首旧体诗里写道“司理芸编是素心”，表示自己只想当个蛀书虫子，并乐此不疲。

但这样的日子也没能长久地维持下去，刚刚缓解了几年，更大的风暴又开始了，要横扫一切了！这次的名称是——“无产阶级文化大革命”。

跟权在谁手这问题比较起来，别的一切就都是次要的了，作家算得了什么，何况又是个“摘帽右派”作家！

到处都搞起了干校，那正是打发鲍昌这样的人的地方。他又到那里种地去了，用锄头。

后来呢？也许是考虑到让这种人总待在那里也不方便，便又把他们弄到了工厂，连工资关系都转去了，于是他又成了彻底的工人——鲍昌在天津市地毯三厂当了整整五年的工人。

他织过地毯，修过人防工程，在工厂转产时，参加过催化剂分子筛的研制工作，还当过车间统计员……在二十世纪七十年代，这样使用高级知识分子的，也许，中国是独此一家！

直到一九七四年，“文革”的高潮已经过去，并又有点儿疲惫不堪的时候，鲍昌才有机会进入了天津师范学院，在该院学报编辑部里当了个普通编辑。

回到写字台旁，鲍昌又“如鱼得水”了，虽然只是那么一点点的水。

转年，他领到了一份美差：与人合编一部《鲁迅年谱》。他立刻精神大振，因为又有了活儿干，而且编书的对象又是他一向崇敬的鲁迅！

整整四个年头，他翻阅了无数资料，写下了大量笔记，亲自访问了先生工作过和居住过的许多地方，并同数十位鲁迅生前友好见了面，终于与邱文治同志合作，编撰出了长达七十四万字的《鲁迅年谱》。

这部年谱在一九八一年出齐，是中国出版的大型《鲁迅年谱》之一。后来，它获得了天津市优秀社会科学论著奖。

鲍昌是这样的高兴，连续在报刊上发表了几首关于鲁迅的诗歌，来歌颂他称之为“精神烛火”的鲁迅先生。

但他随即又不无惋惜地对友人宣布说，他要同现代文学研究告别了。当中国鲁迅学会提名他为理事候选人时，他婉辞了。

他还惦记着自己的《庚子风云》，还惦记着其他一些尚未完成的学术著作。

皇天有眼，“四人帮”终于垮台了，老也不能“胜利结束”的“文化大革命”就那么灰溜溜地结束了！中国这块多灾多难的黄土地上，又重新见到了正常的阳光！

一九七九年三月，鲍昌被彻底平反！

是喜？是悲？二十二年好时光蹉跎而过，真是何苦哇！

我们诅咒逆境，特别是人为的逆境，但逆境对于有志者，却也有着磨炼的价值。

老作家萧军曾送鲍昌一首诗，写在条幅上。那诗道："塞北梅花何处寻？余将松柏立森森。时人漫道江南好，雪满关山胜似春。"

鲍昌会意，次韵和诗一首道："雪化冰销无处寻，欣看劲柏立森森。问渠哪得青如此，自有心湖一片春。"

是的，鲍昌的心潮，如今已经漾满春光！他要奋力笔耕了。

令鲍昌盛意难却的是，他被任命为中文系系主任，后来又晋升为副教授。听说，他对系主任一职婉辞了半年之久，无奈何，才只好接受了下来。

是璧？是玉？当它不被认可的时候，它连块石头都不如；它一旦被人们认可，就会价值连城！当然，在咱们中国，很多时候倒是这样的：你明知道它是一块玉，却不能说它是玉！好了，那个时代也终于过去了！

一九八二年，天津市召开第二次作家代表大会时，市委把他调回作协了。他被选为作协天津分会副主席，实际上主持天津作协的工作。

他只好一边工作，一边写作。从粉碎"四人帮"到现在，他出版、发表的各种作品，已有了三百二十多万字！

在当今文艺界，鲍昌是个著名的"两栖动物"——又搞创作，又搞研究。

他的老友张仲，说起师院时代的鲍昌十分有趣："他在两间屋子里摆了两摊书稿，一摊是《庚子风云》，一摊是《诗经新解》。他常常是在这一屋写这一摊写累了，就到那一屋写那一摊，或者把手风琴取出来，自拉自唱一曲《三套车》……"

一个脑子，两样思维，是一起打架呢，还是互相促进！

鲍昌的理解与感受是："现代的生理心理学已经发现：人脑的

网状结构能协调大脑的多种机能；而且同形象、想象、情感相联系的大脑右半球，与同抽象、语言、逻辑相联系的大脑左半球之间，有胼胝体的神经束联结着。这就是说，任何人都同时具有形象思维与逻辑思维的能力……”

我不想同鲍昌探讨生理心理学问题，也不想同他探讨两种思维并用是否有益，我只是觉得，既然他自己感觉良好，又确是很有成效，那就“两栖”着吧。

人们都说，鲍昌的性格深沉、内向，且轻易不会喜怒形于色。

但了解他的人都知道，他心里燃着一团火！

鲍昌的严肃，是一种学者型的严肃，而不是官僚型的严肃，因此，他的严肃不使人感到隔膜。

他以平等的讨论式的态度跟你谈话，你能感到隔膜？

在你困难的时候，他不声不响地给你以切实的帮助，你能感到隔膜？

表情如何并不重要，心眼儿好就行！

老实说，我这人的脾气十分暴躁，又被公认为所谓“各色”，不管是什么人，三句话谈不来便要瞪眼睛。但我没瞪过鲍昌。

因为我知道他有本事，我知道他与人为善。

去年一月，鲍昌“官运亨通”，当上“京官”了。他被任命为中国作家协会党组成员、书记处常务书记，主持作协日常工作。

前不久，我到北京办事，顺便看了看他。

我问他当“京官”的感想如何，他只是苦笑着说：“忙。”

“那么，你还能写东西么？”我问。

“写作当然不能放弃，不过，我得收缩战线啦！”他感慨万端地说。

我跟两个在中国作协工作的朋友聊天，他们都说，鲍昌这人很认真，对工作容不得马虎或扯皮，而且，他确实忙，每天都去上班，里里外外、上上下下……事情可不少。从筹备作协工作会议到兴建创作之家，他都得掺和进去。

在我看来，鲍昌的思维习惯太喜欢严密，待人接物也太过认真，有时倒显得有些“迂”了。老作家的情况我不太清楚，时下的不少个性极强的中青年作家，我真担心他未必适应。

“好在作协党组、书记处，是团结的，和谐的，想干事的，因此工作起来也还愉快。”他说。

啊，那就是说，在他先前就已并用的形象思维、逻辑思维之外，还得加上一个“行政思维”啦。但愿他这三种思维能够在脑子里协调起来才好！

真难为他那个不算大也不算小的脑袋啦！

《中国作家》1986.4

才华横溢的学者兼作家——鲍昌

赵 朕

1946年1月，数九寒天。一个面容黄瘦、身穿黑色学生服的年轻人，来到平西延庆县的岔口。他是北平辅仁中学高中一年级的学生。为了追求光明和自由，他逃脱了国民党兵的盘查，进入了晋察冀解放区。一踏上这块自由的土地，他就情不自禁地唱起了《山那边的好地方》这支歌。这一天，正好是他十六岁的生日，从此，他开始了革命征途的新生活。

历史风帆，转眼驶过了三十五年。1981年9月，在西安举行的纪念鲁迅一百周年诞辰的学术报告会上，我们看到一位中年人在讲台上宣读学术论文，受到与会者，特别是老一辈鲁迅研究家的称赞。从相貌上不难辨认出他就是当年投奔解放区的那个中学生，只是两鬓霜白，身体微胖，举止动作也俨然是一位学者了。他就是鲍昌。从一个高中一年级学生，成长为中国作家协会天津分会副主席、天津市美学学会会长、天津师范大学兼职教授，这是一条多么艰辛的路！

“在痛苦的岁月里早熟了”

鲍昌，曾用过白桦树、李兰陵、谷梁春等笔名。他于1930年1月21日出生在沈阳的一个在社会动荡中不断破产的家庭。他的曾祖父本是山东胶县的一个石匠，在前清的饥年馑月，逃难到辽宁的凤城县农村。他的祖父是个佃农，但他的父亲却当了军人。20年代，成了东北军张学良属下的少校军官。母亲读过中学，爱好文学。1931年9月，鲍昌出生的第二年，就发生“九一八”事变，全家随军移居北平。

鲍昌在上小学前，也曾过了几年相对安定的日子。那时他父亲在北平军分会里有个小差事，能在北平租几间房子住，生活还过得去。“七七”事变的前一年，父亲因患伤寒病而退役，全家很快就陷入了困境。父亲病愈后，依靠摆小摊为生，成了谋业无门的城市贫民。“有谁从小康人家而坠入困顿的么，我以为在这途路中，大概可以看见世人的真面目。”（鲁迅语）鲍昌在少年时代也有过这样的感受。在北平宏庙小学里，他是个贫寒的学生，特别是他作为一个关外流亡者的子弟，心田里早就滋长了鲜明的民族意识。所以，在考中学时，尽管他一向功课很好，完全能考上敌伪的公费学校，他却宁愿考进辅仁中学这样的教会学校，也不愿去受敌伪的奴化教育。辅仁中学是个贵族化的学校，学杂费比较昂贵。好在鲍昌每学期都能考中前三名，得到免费待遇，才得以坚持学习。

鲍昌从小就很聪颖，学习也很刻苦，并且对文学怀有极大的兴趣。家里没钱买书，他便到西单商场的旧书摊去看“蹭儿书”，为此常遭到卖书掌柜的白眼。进中学后可以到北京图书馆看书了，他几乎把所有的节假日都消耗在那里。早上，图书馆大门一开，他就抢先进去，一直看到闭馆。中午休息时，就着馆里供给的白开水，啃自家带来的窝头、咸菜。偶尔也到附近的小饭摊上买碗老豆腐吃。生活虽然清苦，但他感到乐趣无穷。几年之内，他把鲁迅、郭沫若、茅盾、巴金、老舍、丁玲、冰心、朱自清，以及托尔斯泰、屠格涅夫、狄更斯、雨果等中外作家的名著都涉猎了，还读了不少中国古典文学作品。

在小学和中学里，他写的一手好作文，常被老师作为范文讲评，有的还登在《小朋友》杂志上。邻居中有个年近古稀的前清秀才，见他聪慧好学，就教他写旧体诗词。他在十三四岁就写了这样的诗："青鹰傲空角，白虹行日周；万里挟奇物，披风列殿游；呵斥如雷动，挥刃若光流；奇计虽不中，一笑成楚囚。""明囊飞门外，与子共赴仇。磨骨长城窟，漂尸深海沟。从容忘生死，乃在家国忧……""诗为心声"，这些诗虽然模仿了阮籍、左思和刘琨，但也不难看到这个风华少年的抱负和志向。

鲍昌读书的兴趣是广泛的。文学之外，他也爱好历史、哲学和其他的一些"杂学"。在他读到初中三年级时，就把《万有文库》中三分之一的书籍浏览过了。他几乎没有和同学们玩耍的时间，顶多是在"黑猫足球队"当个守门员；或者有时参加学校合唱队，演唱几支像《菩提树》《你怎能忘记旧日的朋友》之类的外国歌曲。

1945年日本投降时，鲍昌十五岁了。他原来对"大后方"还抱有幻想，但国民党接收大员的胡作非为，美军吉普车的横冲直撞，加上物价飞涨，百业凋零，使他大失所望，政治上愈为早熟。这年秋天，他读到《民主》《文萃》等进步书刊，开始倾心"山那边的好地方"了。他自己办了一份壁报，贴在教室里，第二天就遭到训育主任的制止。对此，他并没有心灰意冷，又和几名同学秘密组织了"北国青春学会"，还借了台油印机，编印了三四期题为《反攻》的小报，大都是政治抗议性的内容。不料这事被训育主任察觉。训育主任的威胁、恐吓，不仅没有使他屈服，反而更坚定了追求光明和自由的信念，于是他离家出走，决心投奔革命，哪怕是前途充满了艰险。后来鲍昌回忆起这段往事时，曾不无感慨地说，"政治上，我是在痛苦的岁月里早熟了。"

"生活是绝对命令"

到达张家口后，鲍昌被分配到华北联大文艺学院学习。刚学了几个月的政治课，自卫战争爆发了。他随着学校从张家口辗转地撤到了冀中。在这里没上几个月的课，便到农村参加土改。他带着一把“独一角”枪，和区武工队员一起搞武装土改，也曾在荒僻的山地和政治土匪打过几次遭遇战。阶级斗争的急风暴雨磨炼了他，考验了他，于1947年8月1日，他被接纳为光荣的共产党员。

这段生活经历，似乎与他上中学时想当个文学家的夙愿无期相遇。然而，他行军、战斗过的漠北沙幕、太行烽烟、滹沱激浪、平原晓日，却使他读了一部“无形的书”。这不仅锻炼了他的革命意志，而且开拓了生活视野，为他日后的文学创作，打下坚实的基础。

跨到新时代来，鲍昌开始写“有形的书”了。

1949年1月15日，鲍昌随解放大军进入天津。起初，他在军管会文艺处工作，不久又被调到文艺团体中当队长和政治指导员。1951年，二十一岁的鲍昌担任了天津人民艺术剧院的办公室主任兼党支部书记。生活逐步地安定下来，他的创作激情又萌发了。从1949年5月起，他开始在《天津日报》上发表诗歌、剧本、散文和评论，到1951年出版了剧本集《为了祖国》。1953年和1955年又出版了一个短篇集和一个评论集。于是，1955年5月，他被调到天津市文联，担任文联党组成员、副秘书长，接着又担任了《新港》文学月刊的第一任编辑部主任（《新港》文学期刊的名称就是他取的）。

50年代初期，鲍昌的行政工作很忙，但他仍然挤时间深入生活，去读那本“无形的书”。他曾率领文工团，多次到农村、工厂、部队，以及抗美援朝前线慰问演出；也曾几次请创作假，到厂矿企业、基建工地去体验生活。1954年，他到内蒙古草原上的勘探队生活了十个月，回来后写了一部五十万字的长篇小说《青青的草原》。

1957年，他的这部长篇小说和另外两个集子已经付排，突然一场政治风暴卷来，他像一现的昙花，从文坛上消逝了。他被错划为右派分子，到农村、农场劳动了五年。1962年被调到天津市文学研究所，搞文学研究。但只有两年多，就被派去搞“四清”运动，后来是“文化大革命”，进干校劳动。1969年又被下放到天津地毯厂，当了五年工人。命运迫使他在痛苦的条件下，去同工农群众相结合。

侘傺的生涯，可以使人毁灭，也可以使人奋发。鲍昌选择了后者。1958年他被下放到天津南郊新房乡劳动。这个水田如织的村庄，曾是义和团的一个战场。白天，他累得脖子流汗；晚上，在瓜棚豆架下纳凉时，农民们常向他讲今述古。有一位七十多岁的郭老汉，是义和团的一位师兄，给他讲了不少义和团的故事，还鼓励他说：“你不是会写书吗？把咱们这一段写写吧！”老汉的话很使他神往。夜深了，他躺在茅屋里望着窗外的星空，倏忽间，一颗耀眼的流星滑过，触发了他的创作动机。他决心写一部以义和团为题材的历史小说：“要用一双艺术美的眼睛，去观照‘世界苦’的历史”。此后，他就秘密地搜集人民的口碑材料，并利用节假日，在朋友们的帮助下，去借阅文献资料。当时，他头上有顶政治帽子，不能断定何年何月才允许他发表作品，因此他作了“藏之名山，传之后世”的准备，把自己这项艰苦而繁重的工程当作是“名山事业”。

鲍昌的毅力是相当顽强的。三年困难时期，他吃着“瓜菜代”食品，每天要干十小时以上的农活儿，但仍然在晚间偷偷地记生活日记。1963年年底，他写出五十万字的长篇历史小说《庚子风云》第一部的初稿。1980年11月该书出版后，《人民日报》《文艺报》《读书》《新华文摘》等报刊都发表或转载了评论文章，给予了很高的评价。

《庚子风云》第一部的场面很大，上至宫廷贵族，下至农夫水手，旁及外国的公使、商人、神甫……形形色色，千姿百态，为我们展示出晚清社会的缩影。著名作家孙犁在《致鲍昌信》中说：“这几天，看了一部分《庚子风云》，看了一章写宫廷生活的，看了一章写农民生活的。我以为写得都很好，有很多精彩的叙述与描写。比较起来，写农民的部分，给我留下的印象更深，写比赛插秧一节，写得有声有色，非常火炽。”鲍昌之所以能达到这一点，是因为他在农村干过水田、旱田、园田等几乎全部农活儿。他就是个插秧能手，能和农民一起“打夹拢”。看来，他的文学成绩的取得，除了他有颗炽热的心，坚信“历史决不倒退，文坛是无须悲观的”（鲁迅语）以外，还应归功于他前后累计十八年的工农生活体验。他在一篇文章中说过：“生活是绝对命令。”正是本着这个原则，他把十八年间攻读的“无形的书”，逐渐化为今天的“有形的书。”

“知识给生活以翅膀”

近来文艺界有人谈论“作家学者化”问题，其实，鲍昌就是个学者化的作家。他曾戏称自己是在文学创作和文学研究上的“两栖动物”。在他目前已发表的二百万字作品中，文艺理论批评和研究著作约占一半。这固然与他从学生时代起就兴趣广泛、涉猎面宽有关，但更主要的还是客观环境所致。50 年代初，他在创作的同时，写了一些评论，被视为文艺理论批评的“新生力量”。此后，因报刊编辑部相继约稿，写了不少理论批评文章。60 年代初，他在文学研究所研究美学，选择了“艺术的起源”和“诗经研究”两个课题。在两三年间，他就积累了五六千张卡片，后因“文化大革命”而中断了研究工作。1974 年秋，鲍昌从工厂被安排到天津师范学院，参加学报编辑工作。于是他又开始了“两栖”生活，一边继续写《庚子风云》，一边钻研理论，到现在已经积累卡片一万二千张，读书笔记百余万言。那时，他的住房比较狭窄，常常是桌上、床上，乃至板凳上，摆满了笔记和卡片。他每天伏案时间都在十小时以上，在一首七律中他写道：“司理芸编是素心”，这恐怕是他人生的最大乐趣了。

正是在这种境况中，他撰著出版了《诗经》研究的论文集《风诗名篇新解》和题为《一粟集》的文学论文集。此外，还有待结集的百多篇评论、杂文。预计写四十万字的《艺术的起源》，现已写出二十万字，发表了六万多字。1980年还出版了他同邱文治合编的七十余万字的《鲁迅年谱》。可见，鲍昌不仅在创作与理论间是个“两栖动物”，即使是在理论研究领域，他也涉及古典文学、现代文学、美学等好几个方面。难怪《文学报》在撰文介绍他时，称他是文学上的“多面手”了。

尽管他在文学创作和理论研究上造诣很高，但他觉得：一个人精力有限，在今日的社会条件下，还需要有个专业重点，以防犯“四面出击”的毛病。他表示，今后要逐渐收缩战线，把重点转移到文学创作上来。现在《庚子风云》第二部已经发稿，第三部正在撰著中。利用一些间隙，他还创作些中短篇小说。前不久，他的小说《芨芨草》获得了1982年全国优秀短篇小说奖，更给他一些鼓舞。当然这不意味着他要与理论研究隔绝了。他说：“知识给生活以翅膀，文学才会更高地飞翔。”即使搞创作，也不能和文艺理论研究绝缘的。他计划挤时间把《艺术的起源》写完。

鲍昌的路是艰辛而坎坷的，但是他却以惊人的勇气和毅力，取得了引人瞩目的文学成就。现在，他刚五十有三，心情舒畅，身体尚佳。我相信，像他这样不负时代和人民的作家，定会为人民贡献出更多更好的作品。

《中国当代文坛群星》(一) 北岳文艺出版社 1986

论长篇历史小说《庚子风云》

赵 朕

鲍昌同志的长篇历史小说《庚子风云》是继《李自成》《星星草》之后，出现在当代文学苑圃里的一株长篇历史小说的新葩。

《庚子风云》是以我国19世纪异军突起的义和团运动为题材的四卷集长篇历史小说。现在和读者见面的前两部，运用气势磅礴、错落交织的笔触，形象地再现了晚清社会“西风残照，禾黍生悲”的历史图景，比较深刻地揭示出大清帝国所面临的“新与旧在交替，中与外在冲突”的复杂尖锐的阶级矛盾和民族矛盾，抨击了以慈禧为首的封建统治集团，对内实行残酷镇压，对外采取妥协、投降的罪恶行径。同时，还生动地反映了在封建主义和帝国主义的经济剥削、政治压迫之下，“穷人和受轻视的阶级”，生灵涂炭、饥寒交迫的生活和命运，悲愤和痛苦，以及他们为挣脱这种剥削、压迫而对反抗道路、斗争形

鲍昌1983年于天津文苑楼家中

式的追求与探索。从历史的源渊上，表现了波澜壮阔的义和团反帝爱国斗争“山雨欲来风满楼”的气氛和“官逼民反”的情势，揭示出义和团运动犹如潢污而下的水流，终而汇聚成历史事变长河的必然性，谱写了一曲义和团悲壮乐章。

80多年前那场惊心动魄、气吞山河的义和团斗争发生、发展的客观规律，在小说中得到了生动的再现。作家在表现这特定的历史题材时，没有拘囿史实的依据，而是遵循“半真实、半虚构”的原则，在忠于历史的生活真实的基础上，既取史实，又采传说，并通过巧妙的艺术构思，素材施以取舍、虚构、想象、演绎的艺术创造。“从美学观点和历史观点，以非常高的，即最高的标准来衡量”历史素材,[①] 在“似”与“不似”之间，把历史真实与艺术真实有机地统一起来。

鲍昌同志以“尊重历史，正视生活”八个字概括了他的创作经验。“尊重历史”，是运用马克思主义的唯物史观进行历史科学研究，对小说涉及的有关历史问题，求得本质的真实，把义和团反帝爱国斗争发生与失败的“历史必然，很自然地显现在艺术形象之中”。[②] “正视生活”，就是作者用“艺术美的眼睛去观照‘世界苦’的历史”，表现出特定时代里“人们真实关系中的不同利害关系”,[③] 描写他们多姿多彩的生活风貌。如果说前者是对忠于史实而言，那么后者则涉及丰富和扩展历史生活内容的虚构了。它对于历史小说的创作来说，是“可以补充在事实的链索中不足的还没有发现的环节”[④]。

在具体的题材处理上，小说没有因袭传统的历史题材的处理手法，既没有把反映宫廷生活作为重点，也没有以义和团首领的实有原型如朱红灯、张德成等作为主人公，而是在正确处理史实与虚构

---

① 恩格斯:《致斐·拉萨尔》。

② ③ 鲍昌:《关于〈庚子风云〉二三事》。

④ 高尔基:《我怎样学习写作》。

的前提下，本着以小见大、以平凡的小人物反映大事件的原则，虚构了主人公李大海的形象。以他一家悲欢离合的遭遇为引线，把这个时代各方面的反帝爱国力量组构在一起，编织出一幅色彩斑斓、人物众多的历史画卷。这样处理，便于作家驰骋文思，对历史生活进行集中、概括和艺术加工。通过对普通群众的斗争生活的真实描写，表现出时代的风云，“使作品的力量较能集中，发挥得更强烈”[①]，因而更能反映出历史的真实。这是鲍昌同志继承“五四”新文学忠实于人民，忠实于生活的优秀传统的有益尝试，为历史小说创作提供了新鲜的经验。

《庚子风云》塑造了一批性格鲜明、有血有肉的人物形象。在100多个人物中，虽有许多还没有完成其最后的形象创造，但人物的个性已见端倪，给读者留下了清晰的印象。小说中的人物，大体可分为两种类型：一种是虚构的，如以李大海为代表的普通人的形象，另一种是历史上实有的人物。这两种人物交相辉映，相得益彰，构成了丰富多姿的人物画廊。

李大海是作家灌注了炽热激情的人物，也是一个不见经传的虚构的普通人的形象。他在小说中虽不是义和团运动中举足轻重的人物，但他的行动，他的遭际，以及他家的悲欢离合，典型地反映了义和团运动爆发前后群众的生活境遇，社会心理和蓄势待发的社会情势。他在小说中起到穿针引线的作用，是直隶义和团运动发展过程中的关捩人物。

他出生在“极贫苦的人家”，过的是“年年亏欠，寅吃卯粮”的生活。残酷的阶级压迫，沉重的生活负担，使他磨炼出嫉恶如仇、刚烈正直和不为权势所屈服的顽强性格。他从朴素的阶级意识出发，恨透了白家大地主，在给白家栽秧时，他抢先“夺头”，为穷哥儿们出了气；在子牙河决口时，白家要撤走大堤上的人丁去保

① 鲁迅：《答〈戏〉周刊编者信》。

护自家大院，李大海怒骂白家少爷白志刚，遭到了毒手；帝国主义分子邓维廉趁子牙河决口，骗走了他的妹妹，使之陷进了人间的地狱。李大海就是在封建地主阶级和帝国主义分子的残酷压迫下，历遭了种种磨难，才走上了“一条艰险的，然而却不能不走”的反抗道路。作家没有把他写成头饰拉斐尔灵光圈的英雄，也没有回避他勇猛有余而斗争经验不足的弱点，而是始终将他作为一个生活中的人来写，从平凡的生活和斗争落墨，把人物的痛苦和悲愤融汇到社会生活的潮流中去，在真实可信的具体行动中，逐渐丰富和发展他的思想性格。

随着斗争的深入，李大海的性格又有新的发展，到第二部结束时，他已经成了一个沉着果敢、富于斗争经验的义和团小头目了。从他身上，我们看到了朴实的农民走“官逼民反”道路的轨迹，以及直隶义和团发生、发展的过程。

对其他普通人的形象塑造，作者善于抓住他们独特的性格侧面运用对比手法加以表现。如在大海家的三兄弟中，大山诚厚持重、逆来顺受、屈己求安，这是由于他在家中处于长子地位，身负家庭生活重担所致的性格表现。而三弟大江则以幼稚、大胆构成了主要的性格基调。他往往以猝不及防的举动进行反抗，但急躁的行动常常失之于冷静的思考。和大海相比，他们既有相同的气质，又有不同的个性。再如，同是意属于大海的宛芬和爱兰，由于生活的环境不同，个性不同，表达爱情的方式也迥然有异。前者虽内心感情炽热，但表情平淡，拘谨做作、温文尔雅，以华美的服饰来讨对方的欢心。这是小康之家的闺门淑女的爱情表达方式。后者则是热烈、泼辣，大胆试探，把胸中炽如烈火的爱情形之于外，这是贫寒姑娘爽直的爱情的表达方式。这样无须多用笔墨就把两个姑娘的心灵内蕴表现出来。

对于那些历史上实有的人物，作者本着“尊重历史”的原则力求把这些人物性格的基本特征塑造得与原型大体相似，但又不是历史人物的机械摹写，而是根据艺术典型塑造的需要和历史的真实性，进行必要的概括提炼和虚构，使历史人物更加丰满和典型。如对朱红灯形象的塑造，作者没有停留在历史上的“平原教案”和“森罗殿战役”来集中刻画他的思想性格，而是重点描写了他乔装改扮、巧赚清军枪支马匹的情节。这个虚构的情节对于塑造朱红灯的形象，比“平原教案”和“森罗殿战役”更胜一筹，更有助于表现朱红灯足智多谋、勇敢干练的性格特征。再如义和团首领张德成的豪爽豁达、仗义疏财、沉着多谋，曹福田的扶危济困、见义勇为，大都写得笔墨严谨，基本素质符合人物的原型。特别是对这些从茅草棚里成长起来的英雄人物，作者没有把他们写成具有现代意识的圣哲，也没有赋予他们当今时代的思想品格，而是既写了他们翻江倒海的斗争气势，又表现了他们从茅草棚的窗口看世界的局限性，因而更形象而真实地反映出当时的社会生活风貌和群众的思想状况，也更增强了人物的真实性。对于那些历史上实有其人的反面人物的刻画，也没有采取简单化、脸谱化的处理方法。如慈禧的专横跋扈、虚伪奸猾；李莲英的平庸猥琐、媚态可掬；袁世凯的刚愎自用、心狠手辣等，都侧重于从他们的政治本质上揭示其性格特征，但又没有把他们写得凶相毕露。这正是作者慎用笔墨，“尊重历史”的结果。

《庚子风云》是一部具有中国气派和中国风格的长篇历史小说。它所呈现出来的民族艺术风格、特定的历史氛围、逼真的生活实感，是作家把传统的艺术创作经验同自己的生活体验、美学观点有机融合的结果。

小说继承了中国古典小说描绘社会风俗画的艺术传统，把晚清时期北方的民情风俗，各个阶级、阶层的精神状态生动、形象地再现出来。不仅使作品充满着生活气息，而且具有了鲜明的民族风格。作家笔下的风俗画，丰富多彩，涉猎广泛。从慈禧祭祀祈雨，到巫婆装神弄鬼，从城镇的街景，到农村的茶馆，缤纷世相，尽落笔端，或精雕细刻，或浓墨渲染，使人开拓眼界，增长知识，充溢着民族生活的美和力。然而，作家摄入小说的风俗画，并不是信笔由之，而是有着鲜明的倾向性，根据表现小说主题和塑造人物形象的要求，来进行艺术再创造的。如张德成在酤酿铺团时，他苦于怎样才能“叫众人宾服”，把大家组织起来。这时，作家巧妙地设计了女巫跳大神的风俗画面。虽然张德成并不迷信此事，但毕竟得到思想启迪，为“起手闹事”找到了办法。这里借助于风俗画的描写使人物在朦胧中打开了心灵的窗口，为以后练拳铺团埋下了伏笔。再如，小说以细腻的笔触描写了慈禧在其寿诞之日，将几千只笼中鸟儿开笼“放生”的风俗画。作者描绘的这幅风俗画是颇具深意的。特别是我们把几乎同期发生的朱红灯和本明和尚的“法场”就义联系起来，就会发现这幅“放生”的风俗画有着鲜明的政治色彩，在一定程度上反映了当时社会民族矛盾和阶级矛盾的尖锐程度。慈禧面临着大清帝国“昏惨惨灯将灭，忽喇喇大厦倾”的危急局面，忧心如捣，一方面乞灵于“天”，企望借“放生”来慰藉破碎的心灵；另一方面又靠铁的手腕，来残酷镇压反抗者，以维持其穷途末日的封建帝国。看来，“放生”虽是写的风俗，但一经作者的巧妙安排，则赋予了鲜明的政治色彩。

在情节发展上，小说借鉴了中国传统小说的写法。它没有保留章回体小说“欲知后事如何，且听下回分解”的滞板的形式，而是取其精华，在情节发展的关节戛然而止，留有悬念，以“粘住”读者。如子牙河大堤被炸毁后，李大海愤而语刺地主大少爷，被他一枪打倒，失去知觉，令人为大海的生命安危而悬心。写到这里，作者按下不表，转而写李大山救宛芬母女，邓维廉趁机“以工代赈”等情节。中间跳过五章，到第十章才接着写大海被救。这样造成的悬念，紧紧地扣住读者的心弦，使之不忍释手。

总的来看，《庚子风云》主题宏大，题材广阔，内容复杂，人物众多，以十分丰富而开阔的艺术画面展示了晚清社会的社会风貌和那场气壮山河的义和团的伟大斗争，可以说是一部悲壮的英雄史诗，也可以说是一部晚清社会的百科全书。它在文学史上的地位，将随着时间的推移而得到越来越多的人们的重视和肯定。

《唐山师专·教育学院学报》1986.1

附

望九抒怀（代跋）

亚 方

我叫亚方，原名刘亚兰，1928 年出生于四川省宜宾县（后为市）。宜宾县位于川西南两条江水汇合处。清澈的岷江从北缓缓流来，浑浊的金沙江由西奔腾而来，在宜宾这地界汇合后便叫长江了。家乡人喜欢说自己的城市是长江第一城，是实至名归的。

小时候，我们孩子们常爱到合江门码头上，去观看江水汇合的景色。近处，江面上一边清水，一边浊水，泾渭分明。渐渐远去，开始混杂，似两条蛟龙在相互缠绕。更远处，便混为一体，一片浑黄了。汇合后的江水往东流去，江面越远越开阔，不见尽头，有如大海无边，人的心胸似也跟着舒展开来。

父亲名叫刘叔光，是工商业资本家兼地主。经营棉、丝、茶等批发运转，办有茶厂、牛奶厂、百货商店和银行。曾在 1937 年和 1945 年左右，两度任宜宾商会主席。创办过宜宾菁莪商校，任校长；担任过宜宾商报社社长。

有一部电影叫《山间铃响马帮来》，父亲起始就是从监押运货马帮的学徒、先生做起，长年往返于宜宾和昆明两地，做到坐镇昆明的经理，这么一步步地发展起来的。在他开办了名叫“光福永”的商号，当了商号的经理后，便在金沙江南岸置了一块地，在那儿盖了一幢西式房子，是请人设计、父亲自己监工的。四间平房为居室，西头有一间地基矮而大些的房为客厅兼餐厅。东头有一间二层楼房，楼上是父亲的书房，楼下是洗浴室。房子后面有一溜小平房，做厨房和佣人的住房。房子前面铺了一块与房子宽窄相应的水泥地，水泥地三边相间地种着月季花、金钱橘、罗汉果和黄杨木，好似一圈矮墙将房子围起来。水泥地外面是果园，有十几棵桂圆树、两棵荔枝树。果园尽头有更多的土地，种有蔬菜，养了几头奶牛。这么个简单的布局，取了一个好听的名字——刘家花园。刘家花园紧靠金沙江岸边，夏天涨水时，江水离岸仅一米左右，过往江船上的人伸手可以摘到我家岸边枣树上的果实。枣树和桃树、柳树相间地沿岸边种成一行，形成护岸树。冬天水枯时，金沙江变得细小而低洼，离岸边有200米远，100米低。这时，裸露的河滩坡坡坎坎，怪石嶙峋，灰黄一片，似被风暴扫过的荒野，显着凄凉落寞。幸好还有几处细石沙滩，在细石沙滩上能找到一些红、绿、黄色纹路，略显透明的小石子，捡回家去放在水碗里，会变得晶莹剔透有如玉石。我们爱去这细石滩上捡小石子，一去常会流连忘返。

父母先后生了四个女儿，每个相差两岁左右。隔了六七年才添了一个弟弟。四个姐姐都爱这小弟弟，叫他“幺哥儿”。我行二，幺哥儿刘小光比我小10岁。在我童年生活的记忆里，他是缺席的。但在我思念家乡时，他却是思念的主角。他是那么可爱，大大的眼睛，俊秀的脸蛋，很听话，父母很爱他，却不娇惯他。

宜宾的夏天太热了，比起我去过的长江三大火炉——重庆、武汉、南京，毫不逊色。我家城里住址在洞天街里，市中心。进门的天井两边的房子，供商号用。穿进去的天井四周的房子，才是一家人的居室。宜宾城的房子，皆是平房，矮小而拥挤，街道也窄小。天热时，密不透风，闷热难熬。暑假里，母亲便带着四个女儿，到河对岸的刘家花园去了。这大致是在我读高小和初中的时段里，我对家乡的记忆和思念也多在这里。白天，我和三妹刘小兰常爱爬到桂圆树上去。桂圆树不很高，枝丫横着伸展。我们各找一棵适合躺着的树，各自抱着一本书，躺在枝丫上，躲在树荫里，一边看书，一边顺手摘一束桂圆，一粒一粒地吃着，吃到直要溢出来。下午，各人做各人的事，每人可以喝到一碗浓浓的牛奶。晚餐后，漱洗完毕，母亲铺两床草席在房前的水泥地上，一家人坐着乘凉。这时，我便一支接一支地唱歌，全是抗战歌曲。母亲和大姐蕊兰、三妹小兰、四妹若兰静静地听着，由我独自唱去。一个月的暑假，就这么安逸、温馨地流淌过去。《美国民歌101首》中，有一首“home，sweet home”，我觉得，那就是唱的我的家。

一家人衣食不愁，生活却是很简朴。几姐妹不穿丝绸，不戴首饰。粗茶淡饭，桌上有肉食，但一大桌人，我不能“尽着挑好的吃”。上大学时，在成都，在北平，我可以随时在指定的某商号取钱用，家中照数兑还。但我不敢肆意去取用，父亲的训示“不准乱花钱”，我不敢违背。1947年秋到北平上北大，很快冬天来临，带去的衣服很单薄，寒风刺骨，我忍着熬着，到第二年秋天了，才去做了一件厚的棉袄，一件呢大衣。我在1945年秋上高三后，就没再回过家。后来听我弟弟讲，家中经济后几年更有发展，在宜宾城里盖了房子，比租住的洞天街的房子要大许多。“刘家花园”发展为“光福农场”，养了更多的奶牛，办成了宜宾第一家牛奶厂。又办了个茶厂，开了同新百货商店，父亲还做了昆明汇通银行的经理。购了四十石租的土地，收入的粮食全部用来救济刘家贫困的亲戚。父亲在1937年当商会主席时，因支持众商人反抗增税而遭通缉。1945年左右重又当了商会主席，办了商校和商报，逐步向文化贴近了。

我家不是书香门第，在读书、求学上没有高要求。父母只要我们读好书、读完大学。为了促进子女的学业，父亲曾在寒假里，延请老学究到家来教我们古文，是《论语》之类。很可惜，也许是老先生照本宣科，我们半知半解，没有多大兴趣，讲过也就忘了。父亲自己也在学习。他在家的时候，常在小楼上练书法，也用大毛笔，蘸上红土泥浆，在一张张大黄纸上练大字，是隶书。我们还见过他书桌的抽屉里，有做过的数学练习本，他在自己补课呢。

母亲名叫郑淑和，出生于一个破败的大家族。外祖父亡故很早，外祖母带着三个女儿过着贫穷的日子。二十年代的宜宾城里，共产党很活跃，党组织的负责人之一叫郑双璧，在郑家发展了不少党员。1927年国共分裂，国民党大肆捕杀共产党员时，我母亲行大，她的二妹被抓住，绑上刑场，一阵枪响，一排的五个男同志被杀害，留下二姨和另一女同志。这叫陪宰。因为二姨不是共产党员。真正的共产党员是三姨，她逃走了，逃到北平，从此隐姓埋名，和党脱离了关系。出逃时的川资和在北平的生活费用是父亲资助的。二姨当时不过二十来岁，受此惊吓，后来一生处于一种半痴呆状态。母亲念过私塾，有些古文底子，她年老后，一部纪晓岚的《阅微草堂笔记》，读烂了几本；有空就读，反复地读；戴着老花镜，举着放大镜，读起来两耳不闻窗外事，很专注，很神往。母亲传统观念深，对儿女管教严格。为人处世，待人接物，言行举止，皆有讲究。做事要通情达理，待人要与人为善，将心比心，严于责己，宽于待人。说话要轻言细语，行动要轻举轻放，等等。家中虽有两个佣工，一个男工挑水做饭，一个女工做家务杂事，但个人的生活琐事，还得自己做。不然，母亲会指责："好吃懒做。"我们怕听这句训示，也都勤快；认为若好吃懒做，这人就很糟了。母亲教训人的语气虽不严厉，却是无处不在，细致入微，管教得女儿们谨言慎行，甚至拘谨怕事了。我在高中毕业时，同学间互赠临别留言，说我这好那好，但太照顾人了，会被误以为虚伪。我感到好冤！

我成长的年代，正值八年抗日战争期间。日本人占了大半个中国，却打不进四川，只能去轰炸四川大小城市。宜宾城虽小，日本飞机也经常光顾。每次飞机来前，城里开始响起警报声，城北翠屏山上挂起信号灯笼。一个灯笼为预警，大家开始往城外撤。两个灯笼赶快跑。三个灯笼为紧急警报，就不能跑了，得找个地方躲着。有一次，我们全家到城外躲警报，警报解除回城时，老远就看见我家附近浓烟滚滚。回家一看，是一颗炸弹正好掉到我家厨房里，将厨房烧毁。所幸厨房和正房间隔着一堵高砖墙，挡住了火势，正房得以保全。厨师跳进大水缸里，保住了性命。为躲避轰炸，大中小学都搬到乡下去。我的高小是在宜宾某乡一家祠堂里，初中在远郊柏树溪镇的禹王庙里。那庙宇好大，容下了宜宾女中全体师生。高中我到重庆去了，就读的重庆清华中学新校址刚建成，在重庆长江南岸土桥镇的一个山丘上。学校既在乡下，就得住校过集体生活，自然地使我很早便具有自理生活能力。每学期放学、开学，我会自己打背包整理衣箱。住在学校时我会自己清洗衣服，不依靠别人。

由于没有远大志向，只想着小学中学大学，一级一级地这么升着，大学毕业后自己养活自己。这不高的目标，使我学而不勤，读书只求高分，不求精准，加以天资平平，学习成绩仅处于中上而已。幸好高中是清华中学，这学校是清华大学毕业生——一个地下党员奉党指示筹办的，校长、老师皆清华、北大毕业生，教学水平高，管理严格，晚自习时有班主任守候在旁，可以随时询问。学校的办学理念是德智体美全面发展，校训是“自强不息”。我认真地读了三年高中，毕业后考上四川大学，第二年重又考上北京大学，满足了要上北大的夙愿。

在北京大学西语系不到两年的时间里，正是解放战争进入反攻阶段，白区的民主学生运动如火如荼。这期间，我的学业进展不大，政治上却是快速进步。我违背了父亲“不许参加党团活动”的训诫，很快加入党的外围组织民联。1948 年年底，随着一些同学到冀中解放区参加革命了。

1949 年 1 月 15 日天津解放，我于第二天随干部大队进入天津市。头一年在一个文工团——华北群众剧社，唱歌跳舞，在那里入了党。第二年转入市委宣传部，工作了十年。1960 年 1 月，调入天津日报社文艺部做编辑，后为副主任，共二十年。其中有“文化大革命”的十年。1980 年到新蕾出版社做副总编、副社长。1985 年调北京，在作家出版社任副总编、副社长，于1990年1月离休。总共工作四十年。这四十年里，正处于共和国建国初期，政治运动接连不断，阶级斗争一浪高过一浪。于我影响最大者为1957年反右和1966年“文化大革命”。出身于资产阶级兼地主家庭的我，有一种剥削阶级的原罪感压迫着我，必须要脱胎换骨地改造自己。1957年爱人鲍昌错划右派，作为右派的妻子也属犯罪之列，也需要认罪，痛改前非。那就是受留党察看一年处分，两次下放农村当农民，一次下放工厂当工人，加起来共三年。返回工作岗位后以改过自新的态度去工作，任劳任怨、埋头苦干，每天工作至深夜12时才回家，次日早上8点准时上班，不敢有一丝懈怠。星期天在家里要做饭、打扫卫生、洗一家人的衣服，精疲力竭。经济上，爱人工资由140多元降为30元，加上我的98元，近130元要养活一家四口和上大学的弟弟。我按每人15元分配。鲍昌劳动改造一人在外，增加5元。还有个表弟，即二姨的儿子傅超仁，在读南开大学，微薄的助学金不够用，每月补助他5元，总共85元。余40元寄到北京，那儿有婆母、老保姆柳妈和年幼的小叔子鲍晟和鲍昆，他们也需要支助。太拮据了，捉襟见肘，却从未向人借过一分钱，挺过来了。曾挨饿，曾浮肿，幼小的露滋、光满从未吃过一块高价点心，过年未穿过一件新衣服。直到1961年，鲍昌右派帽子摘去，叫摘帽右派，工资增为99元，一家人的生活才得到一些改善。

亚方1948年于北大读书时期

终于到了1979年改革开放。鲍昌的右派得以纠正，恢复党籍、恢复原工资级别，于1985年调北京任中国作协党组成员、书记处常务书记。然好景不长，鲍昌积劳成疾，于1989年2月病逝。遭此重创，千锤百炼的我，也艰难地承受下来了。

我与鲍昌于1951年10月结婚。是他的勤奋好学、他的灵气让我着迷，我愿意嫁给他。婚后，我们很少有时间谈些什么，他总是伏案看书或写作，没见他闲散过。有了电视机以后，他每天看完《新闻联播》就离开了。有时我在家里也要写点东西，当我要查找什么资料时，问到他，他会立即从书架上取出书，翻到其中一页，放到我的面前。这让我很满足，这就够了。我情愿承担全部家务，不去打扰他。在他错划右派，生活很紧张时，我也有过怨言。后来，在我从他已发表的220万字中选出30万字，编成选集。读完选集全文后，我觉得我才真正了解了他。他勤奋，他的作品涉及了文学的各个门类，也都达到一定的水平。他写出这么些作品，白天还要上班工作，耗费的精力是太大了。他是在超负荷地写作，忘记了身体健康；生命有限，也忘记了家人。鲍昌透支了生命，英年早逝，令人心痛不已。

1989年2月，亚方与女儿露滋、儿子光满在鲍昌遗像前

再后来，我找到了，并读完了鲍昌的全部日记。那里面记着，这些年来，鲍昌一直病痛缠身，胃疼、头疼、腹泻、失眠、彻夜失眠……1988 年 9 月访问欧洲各国时，鲍昌曾一日三次鼻血不止，已是肝癌症状了。而这些我知之甚少，有些甚至全然不知，不免对鲍昌有欠抚慰。我一直以为自己承担着全部家务，而日记中记着，鲍昌每周日都要打扫房屋，每晚要做饭。是呀，相当一段时期内我每日回家很晚，谁在做饭呢，是鲍昌，还有不到15 岁的女儿露滋。露滋插队落户下乡后，是儿子光满，他那时在工厂当工人，也还未成年。我曾埋怨鲍昌不关心孩子学业，日记中说，光满高考前，他每晚都为儿子补课。呀，我曾自满于自己工作尽力，全心为家。可如今我感觉，在为人妻、为人母上，我欠缺太多，遗憾太多。

1997 年亚方与鲍晟（左一）、鲍昆、张蕾夫妇（右一、二）及光满、曹霞在鲍昌墓前

现在我已离休在家，安度晚年。一儿一女也相继退休，生活也还安定，他们也都孝顺我。

今年，我已是 89 周岁，属望九之年了。回顾一生，感慨良多。参加革命、继后入党，自愿为共产主义事业献身，甘心情愿改造旧我。遭受惩罚、歧视，贬斥为农民、工人，也毫无怨言。但在平反冤假错案时，我不满了：原来这不白之冤是假案、错案！然思之再三，想到了先贤有言："生于忧患，死于安乐。"曾经无忧无虑、无所追求的我，即便一生有续，又何来与世相益？而所经历的艰苦思想改造，所遭受的种种磨难，却是催我奋进，促我勤劳，激我奉献，让我自立坚强，使我的生活益在他人，而苦后有甘，充实而丰富，有愧疚，也有自足。为此，我已无怨无悔，反要感谢这过往的生活，感谢这一世的因缘和历练。参悟至此，夫复何求！

写于2016年3月，改于2017年9月

亚方2017年9月于北京安定门寓所

图书在版编目（CIP）数据

鲍昌纪念文集 / 亚方 赵朕编. -- 北京：作家出版社，2018. 5
（中国现代文学馆钩沉丛书 执行主编 计蕾）
ISBN 978-7-5063-8281-6

Ⅰ. ①鲍… Ⅱ. ①亚… ②赵… Ⅲ. ①中国文学 - 当代文学 - 作品综合集 Ⅳ. ①I217.2

中国版本图书馆CIP数据核字（2018）第110130号

鲍昌纪念文集

编　　者：亚 方　赵 朕
责任编辑：李亚梓
装帧设计：百丰艺术
出版发行：作家出版社
社　　址：北京农展馆南里10号　　**邮　　编**：100125
电话传真：86-10-65930756（出版发行部）
86-10-65004079（总编室）
86-10-65015116（邮购部）
E-mail:zuojia@zuojia.net.cn
http://www.haozuojia.com（作家在线）
印　　刷：北京玺诚印务有限公司
成品尺寸：152 × 230
字　　数：190千
印　　张：16.5
版　　次：2018年8月第1版
印　　次：2018年8月第1次印刷
ISBN 978-7-5063-8281-6
定　　价：38.00元